中公新書 2298

森　正人著

四国遍路

八八ヶ所巡礼の歴史と文化

中央公論新社刊

はじめに

俳句に「遍路」という季語がある。遍路とは、四国にある八八の「札所」と呼ばれる仏教寺院を廻る巡礼、および巡礼者を指す言葉である。季語としては「お遍路」や「花遍路」のほか、巡礼者がかぶる「遍路笠」、手荷物「遍路杖」などがあり、黄色い菜の花の咲く春、あるいはさわやかな秋晴れの中を、白装束の巡礼者が行き交う風情ある風景が目に浮かぶ。

遍路道は、弘法大師空海（七七四〜八三五）が開創したと伝えられ、四国が誇る地域文化として人々の耳目を集めてきた。ここでいわれる地域文化は、寺院を訪れる敬虔な巡礼者と、彼らを「お接待」と呼ばれる有形無形のもてなしで迎えてきた地元の人々との交流によって営まれ続けてきたものである。一九九〇年代後半には「四国遍路」ブームが訪れ、多くの人が「自分探し」や「癒やし」を経験した。そうした体験の記録は、雑誌やテレビ、出版物をとおして広く共有された。一九九〇年代末から二〇〇〇年代になると、この遍路道と巡礼の風習を世界文化遺産に登録しようという運動も展開し、さらに二〇一四年には開創一二〇〇年を記念して四国各地で展示会などが企画されている。

しかし、いつ四国遍路が開創されたのか実はよく分かっていない。開創も弘法大師空海によるものとされているが、これも諸説入り交じる。たとえば江戸時代に四国遍路のガイドブック『四国偏礼霊場記』を書いた僧侶の寂本《じゃくほん》は、空海の高弟の真済《しんぜい》が大師の遺蹟を遍歴したのが始まりだと記している。いつ、誰が、何のために始めたのか、そしてなぜ八八の寺院を廻るのか、依然として不明なのである。

憶測と伝説に彩られた巡礼。意外に思われるかも知れないが、残された資料によって、四国遍路の記録を学術的に遡れるのは、江戸時代中期までである。案内書や宿の過去帖、巡礼者の日記や朱印帳が残っているのが、ほとんどそれ以降だからである。それらの資料をひもとくと、次の二つのことが明らかになる。まずは、江戸時代以前の「四国遍路」が私たちの知るそれとは大きく異なること。むしろ、巡礼の形式が体系的に整うのは、ようやく二〇世紀に入ってからである。

もう一つは、巡礼者たちが置かれた厳しい社会状況である。たとえば有名な俳人の高浜虚子が昭和一〇年(一九三五)に発表した次の句を見てみよう。

道のべに阿波の遍路の墓あはれ

阿波、現在の徳島県のある道ばたに残る巡礼者の墓。それを「あはれ」と詠む。道に斃《たお》れた彼らの多くが、様々な理由で自分の村に帰ることを許されず、巡礼をしながらこの世を去ったからである。そのような巡礼者は当時相当数いた。行き場を失い野辺で骸《むくろ》になった名もなき巡礼者を葬った墓が「遍路墓」である。「お接待」の風習があるからといって、地域住民がいつでも誰にでも優しく接してきたわけでは決してない。貧しい巡礼者は治安を乱す厄介者と見なされ、厳しく取り締まられたことがあった。そして、ときには差別の対象でもあったのである。

私は一九七〇年代半ばに生まれ、香川県高松市の中心部で育ったが、四国遍路を地域文化と思ったことはほとんどなかった。巡礼者を目にしたこともなかったし、差別や宗教と結びついた過去の文化と考えていた。ところが、大学進学で故郷を離れ、大学院に進学する一九九〇年代末、四国遍路ブームがやって来た。両親も、九〇歳を超えた祖母のために自動車で四国遍路を始めた。そこで少し調べてみたところ、歴史的に正しい巡礼ルートを確定することさえとても難しいことが分かってきた。また、かつての巡礼者の写真を見ると、白装束の巡礼者ばかりではないことも確認できた。聖地巡礼といいながら、なんと曖昧な文化なのかと仰天したものだ。

本書で詳述するように、もともと四国遍路は、確固とした教理や特定の宗教的な意義のうえに成り立ったものではなかった。特定の時代状況の中で特定の意味を与えられ、徐々に体系化されてきたものなのである。とりわけ二〇世紀になって形を整えてきた四国遍路は、いわば近代と現代の産物と言っていい。それはまた、四国遍路以外の多くの文化現象にも共通していることなのであるが。

その中で本書が目指すのは、確認可能な資料からその歴史の全体像をもう一度把握することである。それによって、これまで一般的に語られてきたこととまったく反対のことを記すこともあるだろう。巡礼の肯定的な面だけでなく、否定的な側面に光が当てられ、心穏やかでなくなる読者もいるかも知れない。しかし、私は、四国遍路を否定したり虚実を明らかにしたりするためにこの本を記すわけではない。わが町の文化として誇りに思い、世界文化遺産登録運動を推進している人に水を差すつもりもない。むしろ、そこに光と影の両面があったことを提示することで、その豊かな歴史と文化はより明らかになるのではないだろうか。日本人が誇るべき文化を未来に残していくためには、こうした作業は必要だと考えている。

目　次——四国遍路

四国遍路

八八ヶ所巡礼の歴史と文化

夫レ四國徧禮ノ密意ヲ云ハヽ四國ハ大悲台
藏ノ四重圓壇ニ擬シ數多ノ佛閣ハ十界
皆成ノ曼荼羅ヲ示ス所謂四重ノ曼
荼羅ハ十界其身平等ニ各々八葉開
數ノ蓮臺ニ坐シ光明常ニ法界ヲ照ス
本ヨリ不生ノ佛ナレハ十界皆成ノ曼荼

四国偏礼絵図

序章　巡礼とは

世界の巡礼

「巡礼」は、世界の様々な宗教で見られるが、その中で四国遍路はどのように位置づけられるだろうか。

たとえば、よく知られる巡礼の一つに、サウジアラビアのメッカ巡礼がある。預言者ムハンマドが六世紀後半に生まれたこの都市には、一年をとおしてメッカへの巡礼が行われる(ウムラと呼ばれる)。とくにイスラーム暦第一二月の八日から一〇日にかけてこの都市一帯で執り行われる一連の儀式へ参加することを「ハッジ」と呼び、とりわけ重要視される。

キリスト教の最大の聖地は、イエスが生まれたベツレヘムや処刑されたエルサレム、そしてローマカトリックの総本山であるバチカンのサンピエトロ(聖ペテロ)大聖堂だろう。ベツレヘムには聖誕教会、エルサレムにはゴルゴダの丘の跡に建てられた聖墳墓教会があり、世界中からキリスト教徒を呼び寄せる。イエスに直接関連する聖地だけではなく、サンピエトロ大聖堂はその名のとおり、天国への鍵を持つペテロへの信仰が強く関連している。大聖堂はペテロの墓の上に建っているとされ、巡礼者はペテロの足にひれ伏したり口づけたりすることで御利益を得ようとする。

私たち日本人にとっては、二〇〇四年七月に「紀伊山地の霊場と参詣道」として世界文化遺産にその巡礼路が登録された「熊野詣で」や、伊勢神宮をお参りする「伊勢参り」が思い浮かぶだろうか。熊野詣は和歌山県の熊野三山と呼ばれる田辺市の熊野坐《くまのにます》神社（本宮）、那智勝浦町の熊野那智大社（那智）、新宮市の熊野速玉《はやたま》大社（新宮）を参詣するものである。平安時代に三山の信仰は仏教に取り込まれ、平安後期に熊野十二所権現を祭祀することで熊野への信仰が体系化されると、貴族たちの間で熊野参詣がブームになる。また伊勢神宮は、皇室の氏神でもある天照大御神《あまてらすおおみかみ》を祀《まつ》る内宮《ないくう》と農業の神である豊受大御神《とようけのおおみかみ》を祀る外宮《げくう》に参宮する伊勢参りの舞台である。一般庶民に伊勢参りが爆発的に広がるのは江戸時代であり、慶安三年（一六五〇）より約六〇年に一度「おかげまいり」と呼ばれる突発的な集団参詣も起こった。当時は外宮に人々が参詣したため外宮のある山田は門前町として大きく発展したのだった。

いずれにしてもこれらの巡礼地、聖地は特定の宗教体系において強力な意味を持つとき巡礼者を呼び寄せる。巡礼地は世界の中心であり、この世と天の国とをつなぐ場所であり、人々を癒やす場所であると信じられている。

往復型か、回遊型か

いま挙げたのは、ある特定の聖地を訪れて帰ってくる、往復型の巡礼である。一方、四国遍路は八八番札所まで番号がふられた寺を巡る、回遊型の巡礼と分類できる。日本語で「巡礼」という場合、複数の聖地を廻る後者のタイプを思い浮かべるのではないだろうか。ただし往復型に位置づけられる巡礼の中にも、複数の聖地を経由したり回遊したりするものがあることを付記しておきたい。メッカ巡礼ではマスジド・ハラーム（メッカの中心、カアバ神殿を据えるモスク）に巡礼者は必ず向かうが、同じくメッカにあるミナーの谷やアラファト山にも足を運ぶ。つまり、メッカにたどり着くまでは寄り道せずとも、メッカの中では最重要の聖地以外の場所も廻るのである。

スペインには、サンティアゴ・デ・コンポステーラの大聖堂《カテドラル》を目指す巡礼路がある。その巡礼路は、遠くフランスに発し、数百キロメートルに及ぶ。往復型に分類されるが、その長大さからも分かるとおり、聖地である大聖堂に至るプロセスもまた意味がある。ちなみに、スペイン語でサンティアゴは一二使徒の一人、聖ヤコブを意味する。そのヤコブの遺骸を祀る大聖堂は先に述べたエルサレム、ローマに並ぶキリスト教の聖地であり、これを参詣する巡礼が中世以来続けられてきた。

往復型と、四国遍路などの回遊型との決定的な違いは、絶対的な聖地へ到達することが最終的な目的であるか否かにある。回遊型は絶対的な聖地を持たない。つまり、四国遍路では八八番大窪寺《おおくぼじ》（さぬき市）が絶対的な価値を持つものではない。

ちなみに、四国遍路と似たものとして、西国三三ヶ所巡礼がある。京都を中心として近畿地方に点在する、三三の札所寺院を巡る巡礼で平安時代末期に端を発し、元禄期に隆盛を極めた。この札所寺院はすべて観音を本尊として祀っている。このように、特定の神仏への信仰から、その神仏を祀る寺院を聖地とし、一つの巡礼を構成しているものを「本尊巡礼」と呼ぶ。同じく観音寺院を廻る坂東三三ヶ所や秩父三四ヶ所巡礼がこれに含まれるし、阿弥陀《あみだ》、地蔵、薬師如来などを祀る寺院、八幡や福神を祀る神社を訪れる巡礼もこの一つといえる。

一方、四国遍路の札所寺院の本尊は、阿弥陀如来もあれば弥勒菩薩《みろくぼさつ》もあるというように統一されていない。四国遍路の八八ある寺院に共通しているのは、本堂のほかに大師堂があり、この二つを参拝することが求められている点である。

大師堂とは、弘法大師空海を祀ったもの。寺院周辺や巡礼路にも、空海の伝説と結びついた聖跡が点在している。このように特定の聖人に対する信仰に基づき、その足跡や奇跡、ゆかりの地などをたどるものを「聖跡巡礼」と呼ぶ。弘法大師空海を慕っての巡礼なので、八八ヶ所の寺院の大半は真言宗であるが、すべてがそうではなく、なかには臨済宗や天台宗、時宗《じしゅう》のお寺もある。なお、「聖跡巡礼」には、弘法大師空海のほか、法然（法然上人二五霊場巡礼）や親鸞（親鸞上人二四輩巡礼）の聖跡巡礼も存在する。

いつでも、誰でも、どこからでも

ほかの巡礼を例示したことによって、四国遍路の特殊性が見えてきた。ここで少し整理してみよう。

民俗学者の小嶋博巳氏は、往復型と回遊型のほかに、五分類を提示している。その用語を少し変えたものが次である。

①聖地の信仰圏（信仰の広がり）の広狭…広域信仰型巡礼／地域限定型巡礼
②聖地の開放性（信徒以外に開かれているのか）…開放型巡礼／閉鎖型巡礼
③巡礼期の限定の有無…随時型巡礼／時間限定型巡礼
④巡礼者の宗教的ステータス…修行者の巡礼／民衆の巡礼
⑤巡礼者の集団性や組織性…個人／集団／集団の代表

四国遍路についてそれぞれ考えてみよう。

①四国遍路は、基本的に四国を中心とした瀬戸内海沿岸から巡礼者を招く地域限定型だったが、近年では関東からの巡礼者も見られるようになった。信仰圏は広がっており「広域信

仰型」と見ることもできる。②巡礼は真言宗の檀家に限定されておらず、誰もが参加できるという意味で「開放型巡礼」である。③春と秋が巡礼のシーズンだが、一年をとおしていつでも巡礼をすることが可能な「随時型巡礼」に分類される。④かつては修行者が行っていたが、後述するように江戸時代の中期以降は大衆化された。現代の四国遍路を見ても分かるとおり、「民衆の巡礼」と言ってよい。⑤巡礼者は個人の場合も、檀家ごとや巡礼ツアーの場合も、はたまた村の代表の場合もあった。

こうしてみると、四国遍路は実に「ゆるい」巡礼であることが分かってくる。誰でも、誰とでも、いつでも、始められる巡礼。また、分類にはあらわれないが、四国遍路の特徴の一つに、どこから、どの番号の札所から始めてもよい点がある。これも「ゆるい」巡礼の大事な要素である。もちろん、それらが四国遍路人気の一因であることは否定できないだろう。

ところで、この「ゆるさ」ゆえ、四国遍路の実態はなかなかつかみにくい。年間の巡礼者数の把握も、遍路をどの札所から始め、またどこで中断してもかまわないため難しい。地元の伊予鉄道が発行している情報誌「へんろ」（二〇〇九年）によれば、男性五万、女性七万人余、あわせて一二万二〇〇〇人とあるが、これは二〇〇四年度の五八番仙遊寺《せんゆうじ》の納札から割り出したものである。

巡礼の動機についても、これまで何度も調査が行われてきた。最近の調査結果として、二〇一三年四月一八日の愛媛新聞に掲載されたものがある。これは五〇番繁多寺《はんたじ》で二〇一一年三月に約五〇〇人に実施されたもの。それによれば、定年後の六〇歳代と七〇歳代では死者の供養、五〇歳代では自分の生き方を見直す、四〇歳代は信仰、一〇～三〇歳代までは観光、祈願、挑戦が最も多い動機であった。中年層は挑戦として巡礼するよりも、四国遍路をとおして自分の生き方と向かい合おうとする傾向が指摘できるが、遍路の目的はかなり多様である。この多様さについては、そうした様々な目的や苦しみを受け入れる四国遍路の懐の深さを見て取りたい。「ゆるい」のだけど、それだからこそすべてが受け入れられる。では、何が最終的にすべてを受け入れているのか。懐の深さの正体は何か。それが弘法大師空海、「お大師さん」なのだ。

解けない問いを解くために

ところが、本書で述べるように弘法大師が四国遍路を開創したというのは伝説でしかない。誰がいつ始めたのか、まったく不明である。古代の修行と現在の巡礼との間にも断絶が認められる。四国遍路が真言宗の巡礼かと言うとそうではない。何が正しい巡礼装束で方法なのかということもやはり分からない。

年間一〇万人以上が旅をするこれほど大きな巡礼にもかかわらず、そして何度も巡礼の旅に出る人がいるにもかかわらず、こんなにも分からないことだらけの四国遍路。ならば、本書は分かっていることをとにかく積み上げて整理していこう。解けない問いをグルグルと巡るのではなく、解けている問いと答えをめぐって記述することで、まずはどこまでが分かっていて、どこからが分かっていないのかを明らかにしたい。そして分からないことも含めて、これまで語られてきたものとは違う、もう一つの四国遍路像を探すことができればと考えている。

それゆえ私個人の研究内容を超えて、既往の多くの研究成果を紹介することになる。また過去の歴史的な史料、文書、小説には、現在の価値観からすれば差別的と捉えられる表現や呼称が散見される。本書はもちろん差別に与《くみ》するものではないが、歴史を提示するために敢えて手を加えずに提示することにした。さらに、過去の四国での巡礼者に対する処置は、史料の制約もあり特定の県の事例を紹介することになる。これも特定の県や市町村の過去をいたずらに取り上げて非難するわけではまったくないことを確認しておきたい。

最後に、本書での用語使用の整理をしておきたい。

「四国遍路」は四国の八八の札所寺院を廻る巡礼行為を指し、「四国八八ヶ所巡礼」や「お四国」、「お遍路」とも呼ばれる。この巡礼を行う巡礼者のことも「遍路」や「お遍路さん」

などと呼ばれる。基本的に巡礼行為を「四国遍路」とし、引用箇所を除いては巡礼者を遍路とは記さない。

なお、遍路という言葉の由来は不明である。後でもう少し詳しく記すことになるが、平安末期の『今昔物語集』に「辺地」、同じく『梁塵秘抄《りょうじんひしょう》』には「辺路」なる言葉が四国の海岸部での修行地として用いられており、これが後に「偏礼」や「辺路」、さらに「遍路」へと変化し、その読みも「へんろ」と変わっていったと考えられている。ただし、なぜこのように変化したのかはよく分かっていない。

第一章　起源を探る

I　四国遍路の始まり

まず、寺院の配置を見るところから始めよう。

八八ヶ所の始まり、一番札所は徳島県の鳴門にある霊山寺《りょうぜんじ》である。巡礼を開始する徳島県は「発心《ほっしん》の道場」と呼ばれ、一番霊山寺から二三番薬王寺《やくおうじ》（美波町）まで二三ヶ寺で構成される。仏教用語で発心とは発意《ほつい》とも呼ばれ、サンスクリット原典の表現では正しい目覚めに対して心を起こすこと、日本語独自の用法として出家し仏道に入ること、その達成のために遁世隠棲をすること、さらに目的意識を持って何かを思い立つことを意味するようになった。一番から巡礼を開始すると、一二番焼山寺《しょうざんじ》（神山町）まで内陸部の山をいくつも越えていくことになる。私も野宿をしながら巡礼をしていたとき、山の麓にテントを張り、朝起きて山中の寺院を目指した。焼山寺への山道では途中で暗くなり、長寿庵という巡礼宿の横でテントを張らせてもらい、庵主のご厚意でお風呂の上におにぎりまでいただいて感激したことを思い出す。

ただしこのような険しい山中の寺院は、徳島市に入る一三番大日寺《だいにちじ》以降なくなる。代わりに寺院は海岸沿いに配置されている。歩く巡礼者にとって大変なのは、八坂八浜と呼ばれた徳島県牟岐《むぎ》町から続くアップダウンと、その後に始まる札所間の距離の長い高知県内の巡礼であろう。

高知県には二四番最御崎寺《ほつみさきじ》（室戸市）から三九番延光寺《えんこうじ》（宿毛市）までの一六ヶ寺があり、「修行の道場」と呼ばれる。高知県は札所間の長さで目立つが、二六番金剛頂寺《こんごうちょうじ》（室戸市）から二七番神峯寺《こうのみねじ》（安田町）までは三三キロ、三七番岩本寺《いわもとじ》（四万十町）から足摺岬の三八番金剛福寺《こんごうふくじ》（土佐清水市）まではなんと九四キロも離れている。徒歩での巡礼は時間を要するため、後に述べるように船を用いた移動が江戸時代から第二次世界大戦後まで行われていた。高知県の中部には二八番から三六番まで比較的札所寺院がまとまって立地している。かつて高知大学で行った授業で、学生たちと三二番禅師峰寺《ぜんじぶじ》から三三番雪蹊寺《せっけいじ》までの道のりで高知市種崎と対岸の長浜間（約六〇〇メートル）を結ぶ無料の県営渡船を利用し、貴重な経験だと彼らが喜んでいたことを思い出す。余談だが、高知市内の三〇番札所の善楽寺《ぜんらくじ》は明治初期に起こった廃仏毀釈《はいぶつきしゃく》の影響を受け明治四年（一八七一）に本尊・大師尊像などを二九番国分寺《こくぶんじ》へと移し、納経もそこで行っていた。その後、仏像と納経を五キロほど離れたところにある安楽寺に移し、そこが三〇番となっていたが、昭和四年（一九二九）にこの大師像が返却され翌年に善楽寺は再興された。

「菩提の道場」愛媛県には四〇番から六五番までの二六ヶ寺があり、高知県を抜けたあとの巡礼はリアス式海岸を左に見ながら、歯長峠をはじめとする峠をいくつも越えて山中の寺院を廻る。いったん大洲市の平野に到着すると、再び今度は久万高原へと向かい、難所の一つである山中の四五番岩屋寺《いわやじ》（久万高原町）を参り、そこから三坂峠を越えてどれも行基開創の伝承を持つ四六番浄瑠璃寺《じょうるりじ》や四九番浄土寺《じょうどじ》、五〇番繁多寺と訪れながら松山市へと下っていく。平野の松山市には有名な道後温泉の近くに四国遍路開創伝説である右衛門三郎《えもんさぶろう》と関わりの深い五一番石手寺《いしてじ》をはじめとして数ヶ寺が固まってあり、愛媛県の松山市から香川県にかけては比較的起伏の少ない海沿いを行くことになる。

最後の難所が六六番雲辺寺《うんぺんじ》に向かう山道である。その後は讃岐平野を歩くことになる。雲辺寺は徳島県三好市にあるが、香川県の最初の札所とされる。その「涅槃《ねはん》の道場」香川県には六六番から八八番大窪寺までの二三ヶ寺が存在する。菩提とは悟りの智恵を指し、涅槃とは仏教における修行上の究極目標、つまり解脱《げだつ》を意味する。香川県では標高九一一メートル

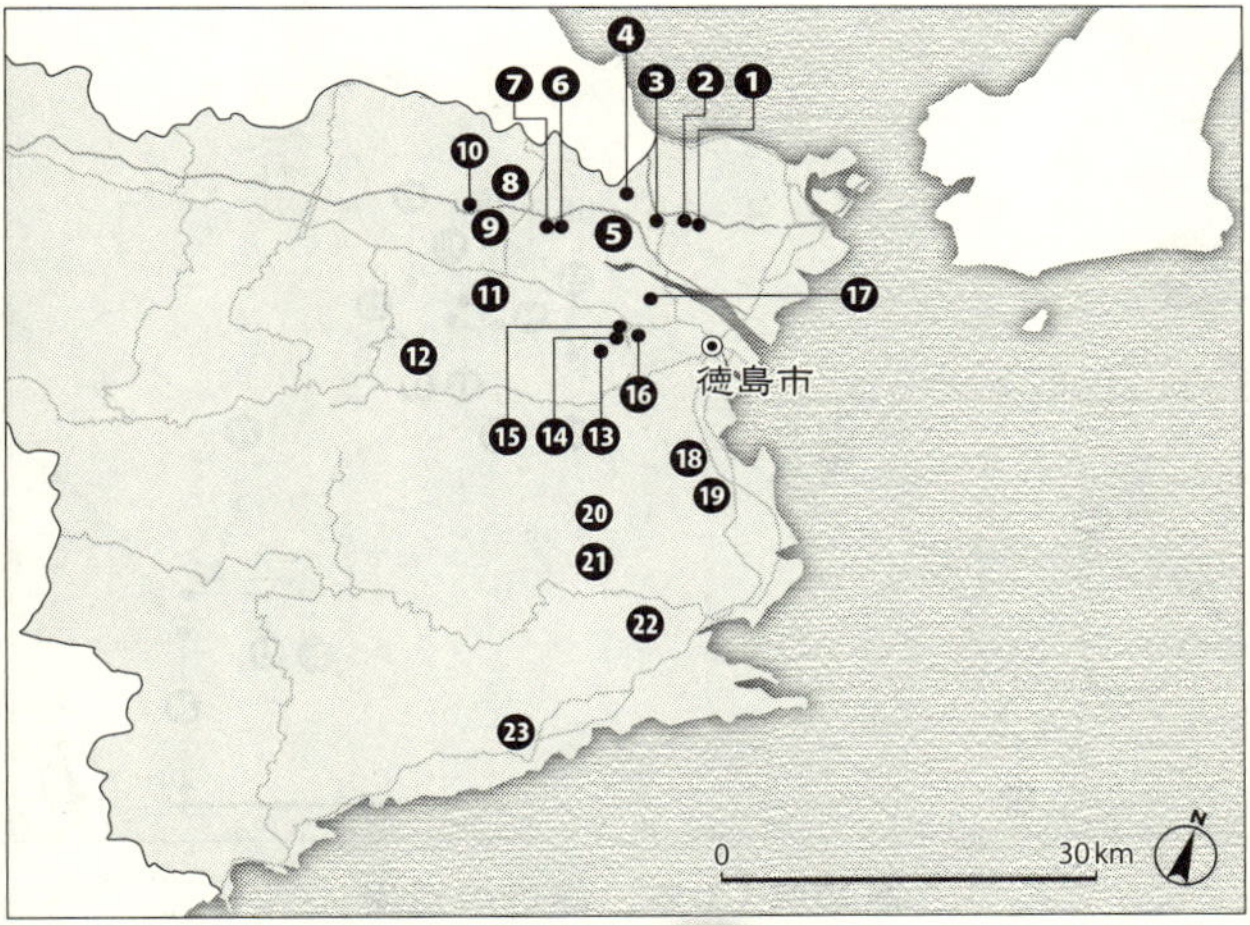

徳島県（阿波）発心の道場

1 竺和山 一乗院 霊山寺
2 日照山 無量寿院 極楽寺
3 亀光山 釈迦院 金泉寺
4 黒巌山 遍照院 大日寺
5 無尽山 荘厳院 地蔵寺
6 温泉山 瑠璃光院 安楽寺
7 光明山 蓮華院 十楽寺
8 普明山 真光院 熊谷寺
9 正覚山 菩提院 法輪寺
10 得度山 灌頂院 切幡寺
11 金剛山 一乗院 藤井寺
12 摩廬山 正寿院 焼山寺
13 大栗山 花蔵院 大日寺
14 盛寿山 延命院 常楽寺
15 薬王山 金色院 国分寺
16 光耀山 千手院 観音寺
17 瑠璃山 真福院 井戸寺
18 母養山 宝樹院 恩山寺
19 橋池山 摩尼院 立江寺
20 霊鷲山 宝珠院 鶴林寺
21 舎心山 常住院 太龍寺
22 白水山 医王院 平等寺
23 医王山 無量寿院 薬王寺

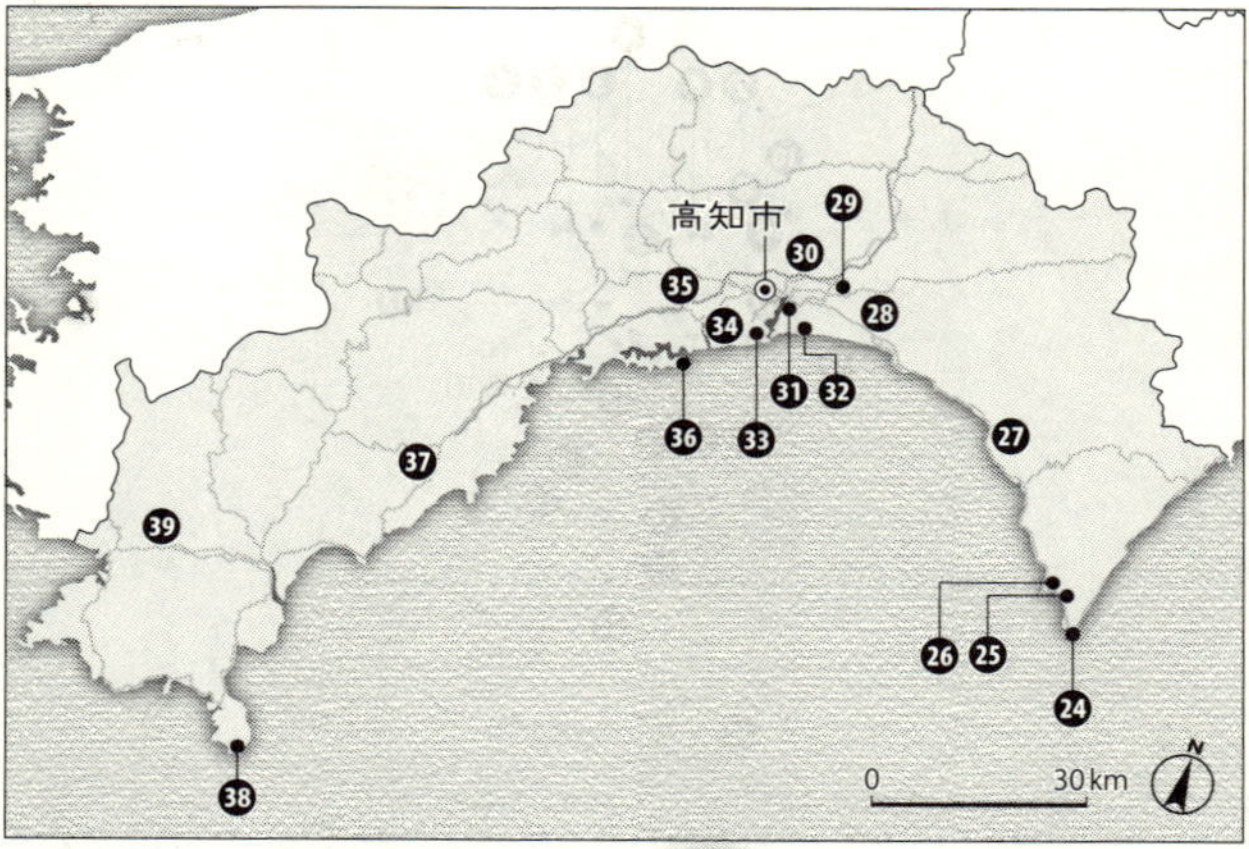

高知県（土佐）修行の道場

㉔ 室戸山 明星院 最御崎寺
㉕ 宝珠山 真言院 津照寺
㉖ 龍頭山 光明院 金剛頂寺
㉗ 竹林山 地蔵院 神峯寺
㉘ 法界山 高照院 大日寺
㉙ 摩尼山 宝蔵院 国分寺
㉚ 百々山 東明院 善楽寺
㉛ 五台山 金色院 竹林寺
㉜ 八葉山 求聞持院 禅師峰寺
㉝ 高福山 雪蹊寺
㉞ 本尾山 朱雀院 種間寺
㉟ 醫王山 鏡池院 清滝寺
㊱ 独鈷山 伊舎那院 青龍寺
㊲ 藤井山 五智院 岩本寺
㊳ 蹉跎山 補陀洛院 金剛福寺
㊴ 赤亀山 寺山院 延光寺

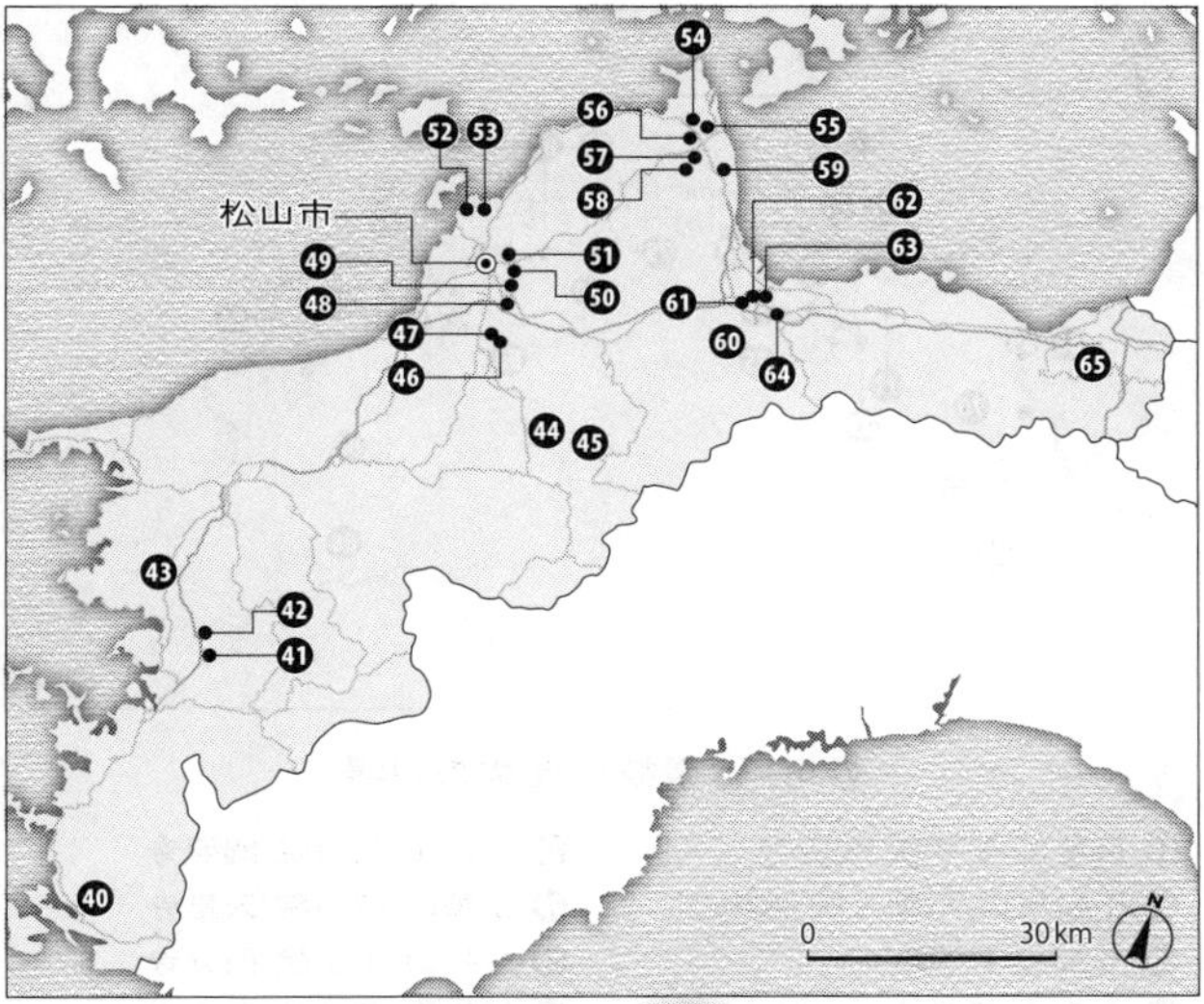

愛媛県（伊予）菩提の道場

- ㊵ 平城山 薬師院 観自在寺
- ㊶ 稲荷山 護国院 龍光寺
- ㊷ 一カ山 毘盧舎那院 仏木寺
- ㊸ 源光山 円手院 明石寺
- ㊹ 菅生山 大覚院 大寶寺
- ㊺ 海岸山 岩屋寺
- ㊻ 医王山 養珠院 浄瑠璃寺
- ㊼ 熊野山 妙見院 八坂寺
- ㊽ 清滝山 安養院 西林寺
- ㊾ 西林山 三蔵院 浄土寺
- ㊿ 東山 瑠璃光院 繁多寺
- 51 熊野山 虚空蔵院 石手寺
- 52 龍雲山 護持院 太山寺
- 53 須賀山 正智院 円明寺
- 54 近見山 宝鐘院 延命寺
- 55 別宮山 金剛院 南光坊
- 56 金輪山 勅王院 泰山寺
- 57 府頭山 無量寿院 栄福寺
- 58 作礼山 千光院 仙遊寺
- 59 金光山 最勝院 国分寺
- 60 石鉄山 福智院 横峰寺
- 61 栴檀山 教王院 香園寺
- 62 天養山 観音院 宝寿寺
- 63 密教山 胎蔵院 吉祥寺
- 64 石鉄山 金色院 前神寺
- 65 由霊山 慈尊院 三角寺

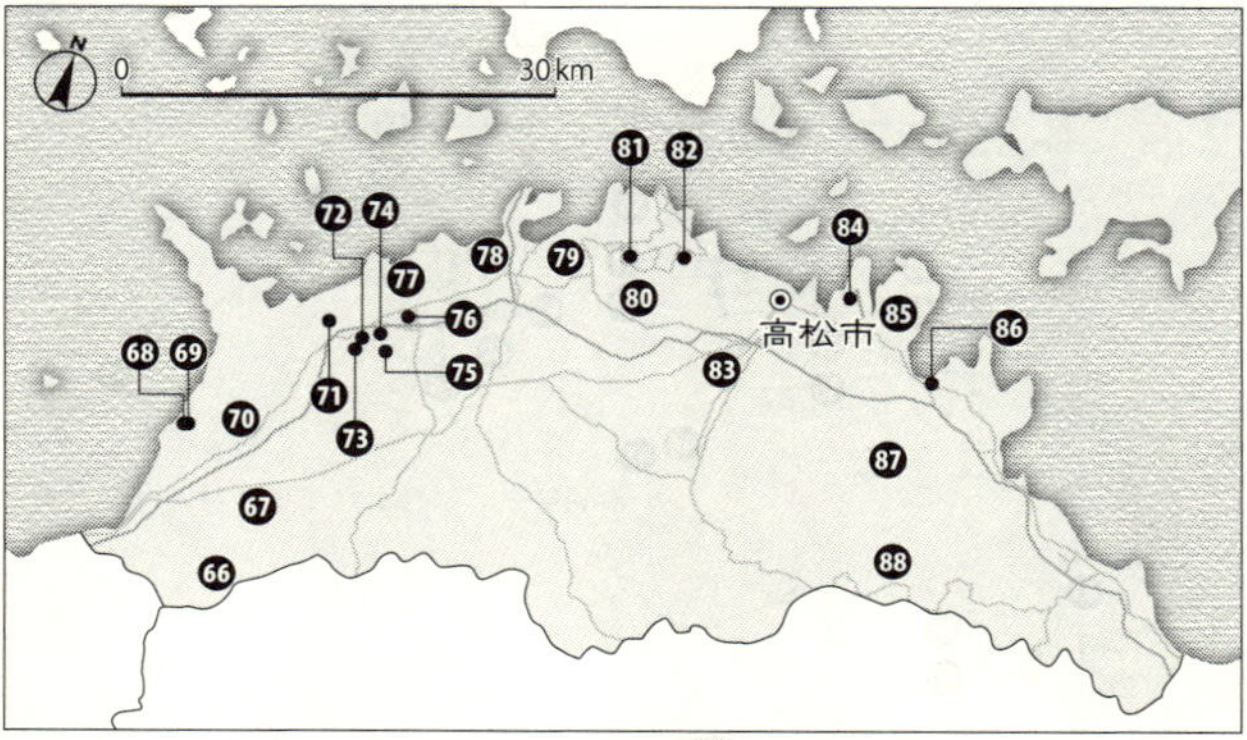

香川県（讃岐） 涅槃の道場

66 巨鼇山 千手院 雲辺寺
67 小松尾山 不動光院 大興寺
68 七宝山 神恵院
69 七宝山 観音寺
70 七宝山 持宝院 本山寺
71 剣五山 千手院 弥谷寺
72 我拝師山 延命院 曼荼羅寺
73 我拝師山 求聞持院 出釈迦寺
74 医王山 多宝院 甲山寺
75 五岳山 誕生院 善通寺
76 鶏足山 宝幢院 金倉寺
77 桑多山 明王院 道隆寺
78 仏光山 広徳院 郷照寺
79 金華山 高照院 天皇寺
80 白牛山 千手院 国分寺
81 綾松山 洞林院 白峯寺
82 青峰山 千手院 根香寺
83 神毫山 大宝院 一宮寺
84 南面山 千光院 屋島寺
85 五剣山 観自在院 八栗寺
86 補陀洛山 志度寺
87 補陀洛山 観音院 長尾寺
88 医王山 遍照光院 大窪寺

に位置する六六番雲辺寺が関所寺（各道場一番の難所）とされている。ここには香川県観音《かんおん》寺《じ》市の山麓駅からロープウエーに乗って行くこともできる。雲辺寺を参詣すればあとは讃岐富士（飯野山）を右手に見ながら平野を歩いて行く。香川県の西部に寺院が集まっており、そのうちで最も大きな寺院が真言宗善通寺派総本山の七五番善通寺《ぜんつうじ》である。また海の神である金毘羅《こんぴら》大権現を祀る金刀比羅宮《ことひらぐう》に立ち寄る巡礼者も多い。五色台の山中にある八一番白峯寺《しろみねじ》は崇徳天皇陵とされ、そこから高松市の平野部へと降りていく。札所の存在しない高松市内中心部を抜けて再び名所の屋島にある八四番屋島寺《やしまじ》、八六番志度寺《しどじ》など山中の寺院を経て、八八番大窪寺で結願となる。

寺院の数に注目すると、最も面積の広い高知県には一六しか札所がなく、ほか三県が二三ないし二六ヶ寺となっている。札所間が長い高知県は、まさに修行の道場と呼ぶにふさわしい。四国四県それぞれに非常に変化の激しい地形を巡礼者は経験することになるが、とくに険しい山道は「遍路転がし」と呼ばれ、それを乗り越えていくことも修行の一つといわれる。

この章では四国遍路がもつ独特の世界観を紹介するが、その理解のために、まず遍路を追体験してみよう。その上で、四国遍路とはどのようなものか、どのような考え方や行為によって成り立っているのかを概観したい。

札所の風景

現代の巡礼者の目にはどのような風景が飛び込むのだろうか。

淡路島と相対する徳島県鳴門市、四国遍路の出発点である一番霊山寺の駐車場前には巡礼用具店があり、巡礼用具を購入することができる。白装束の笈摺《おいずり》、菅笠《すげがさ》、金剛杖《こんごうづえ》、納札《おさめふだ》、納経帳をそろえれば立派な巡礼者の出で立ちになる。笈摺は、袖のない白い単衣《ひとえ》で、仏具や衣類を入れて背負う箱（笈）が擦れないように着るもの。白装束は死に装束であり死地への旅立ちを象徴しているとよくいわれるが、古い写真を見ると巡礼者は必ずしも笈摺を身にまとっていなかったことが分かる。後に述べるように一九三〇年代に東京で活動した巡礼集団が白装束を本物の巡礼衣装と定め、それが広く普及するのは昭和二八年（一九五三）以降に一般化する巡礼バスツアーが強く関係している。いずれにしても現在の四国遍路では白装束は巡礼者の象徴である。

さて寺院の入り口にある大きな山門をくぐると、巡礼者たちが目に入る。巡礼者は個人とツアーの団体に大きく分けられる。団体ツアーの場合、「先達《せんだつ》」と呼ばれるガイドに率いられているが、この先達は巡拝案内を務める役割を担う。四国遍路の札所寺院全体の組織である「四国八八ヶ所霊場会」によって、公認先達制度が運営されている。この公認先達になるには四国八十八ヶ所霊場すべてを四回以上巡拝する必要があり、札所寺院からの推薦状も求められる。巡礼の回数により、先達、権中先達、中先達、権大先達、大先達、特任先達、元老先達と位階が分けられている。

寺院での参拝手順は、一般的に次のような流れで行う。

まず山門前で合掌し一礼をして門をくぐる。そのまま水屋にて手と口を清め、鐘楼堂で鐘を二度撞《つ》く。これが終わるといよいよ本堂である。本堂前には「納札入」と書かれた箱が置かれており、ここに納札を入れる。灯明し線香をあげ、賽銭を入れた後に、般若心経を唱える。今度は弘法大師を祀っている大師堂へ移動し、同じ手順で納札、灯明、線香、賽銭そして、納経を行う。これが終わると、納経所にて納経帳に黒書と朱印をもらい、再度、山門前で合掌、一礼して次の札所へと向かう。

ただしこうした手順は、近世以前の巡礼案内に記載されていない。案内記には光明真言を唱えるよう書かれているが、般若心経についての記述はないため、いま挙げたような手順は戦後に作られたルールだといえる。

本堂と大師堂に置かれた納札入に入れる納札は、自らが参詣した印として奉納するものであるが、願主の名前や住所を書くスペースがあり、巡礼者間や接待を受けたときに名刺代わりに交換するためにも用いられる。ちなみに、納札は巡礼回数によって色が異なる。一から四回までは白色、五から七回までは緑、八から二四回までは赤、二五から四九回までは銀、五〇から九九回までは金、一〇〇回以上になると錦になるようだ。

建物をよく見てみると、いくつもの札が貼付されていることに気づく。これがかつて江戸時代から明治時代の納札で、それよりももっと古いものとなると木の札を建物に釘で打ち付けていた。現在でも札所を訪れることを「打つ」というが、従来は本当に釘を打っていた。

納経所で納経してもらうのは、納経帳か掛け軸である。納経帳には一番から八八番までの番号と寺名が書かれてあり、さらにその上に毛筆で寺名を書いてもらい寺院の朱印をもらう。現在、納経帳と掛け軸の納経料、納経所の開いている時間は統一されているが、かつては寺院によって異なった。それが四国八八ヶ所霊場会によって統一されるのは一九八八年である。

確認できる最古の納経帳は明和二年（一七六五）のもので、江戸時代中期から後期にかけて納経というシステムができたと考えられている。当初は寺や本尊の名前をいちいち筆書きしてもらっていたが、『四国道中手引案内』（一八〇二年）には「札所の寺にて御印をもらふなり尤《もっとも》印料として十二銭或は六銅又は三文置べし」とあるように、その後、スタンプ（御印）を押すシステムが導入される。

納経を済ませて寺院を出ると、どの方向に進むべきかを道標が教えてくれる。この道標に導かれて巡礼者が歩く、全長一四〇〇キロ以上といわれる道が遍路道だ。遍路道という特別な道が存在するわけではなく、そこは同時に、地元の人が使う生活道であり、自動車が通る一般道でもある。

この遍路道は、昔から固定されたルートだったわけではない。たとえば、江戸時代のガイドブックを見ると、札所間の道路情報は仔細に紹介されておらず、通り過ぎる村までの距離などが掲載されているだけである。もちろん、当時はその村にたどり着く道路が何本もあったわけではないだろうが、時代とともに札所間の経路が変わったり、複数のルートに分かれたりしてきた。その道に、巡礼者たちが道標を設置することで、遍路道は出現してきた。

原風景をさぐる

では、この四国遍路はどう歴史的に展開してきたのだろうか。

平安時代末期に編纂された『今昔物語集』に「四国の辺地を通る僧、知らざる所に行きて馬に打ちなされし語」という話がある。その出だしは、「今は昔、仏の道を行ひける僧三人ともなひて、四国の辺地《へんち》と云ふは伊予、讃岐、阿波、土佐の海辺の廻りなり」とある。つまり、四国の海岸沿いを廻ることを辺地と呼び、修行としてこれを行う者がいたことが分かる。

また、『梁塵秘抄』には「われらが修行せし様《よう》は、忍辱袈裟《にんにくけさ》をば肩に掛け、また笈《おい》を負ひ、衣《ころも》はいつとなくしほたれて、四国の辺地《へち》をぞ常に踏む」とある。袈裟とは衣服の上に左肩からかける長方形の布のことで、この袈裟と、法具や経文を入れた笈と呼ばれる箱を持って四国の地を廻る修行が幾度と行われていたことがうかがえる。

四国が修行の地として選ばれた理由として、都のある近畿のすぐ近くにありながら、海によって隔絶されていたという地理的条件が挙げられる。郷土史家の三好昭一郎氏によると、真言宗の聖地である高野山の僧を中心とする僧侶の間では、当時、四国は世俗の外にある未開の地であり、かつ循環しながら遊行することが可能な一大道場と考えられていた。『三教《さんごう》指帰《しいき》』によると、四国の山野や海辺を歩いて修行した空海は、室戸岬にある洞窟、御厨人窟《みくろうど》で苦行の末に記憶力を増進させる求問持法《ぐもんじほう》を修得した。同じように超能力的な霊験を得られる場と考えられていたのかも知れない。ちなみに、御厨人窟は現在、室戸岬の先端にある洞窟がそれだと考えられているが、これは一九八二年に豊山派による調査を経て豊山派の聖地として決定されたもので、実はこのほかにもいくつか、弘法大師修行の地と伝えられる場所が存在している。これにともない、「御蔵堂」「御蔵洞」「みくら洞」などと様々な名称をもっていたこの洞窟は「御厨人窟」という名称に統一された。

話を元に戻そう。このような遊行の修行僧は「聖」と呼ばれた。泉鏡花の短編小説のタイトルにもある「高野聖《こうやひじり》」は、平安期の大火によって荒廃した高野山の復興を目指して活動し始めた。彼らは諸国を旅しながら高野山大塔の修造を目的とする勧進活動を展開する中で、高野山と弘法大師への信仰を各地に広めていったのである。

実は真言宗では、高祖である弘法大師は死亡しておらず、生身のまま高野山の奥で現在も生存しており、やがて禅定を終えて再度地上を訪れるという「入定《にゅうじょう》」信仰がある。この伝説は平安時代末期に形成されたといわれており、聖たちはこの伝説をもとにして、宗派を問わず、高野山に遺骨や遺髪を納めれば菩薩に再生できると説いてまわった。彼ら聖の活躍もあり、中世以降に弘法大師入定伝説が全国に広まったのである。

いつできたのか

さて、二〇一四年は四国遍路の開創一二〇〇年に当たるということで、様々なイベントが企画、開催されている。開創一二〇〇年の根拠は弘法大師空海が齢《よわい》四二のときに開創したという考えに基づいている。しかし四国遍路の成立時期と、開創者は、実は明らかな史実ではないのである。

成立時期から見ていこう。先に平安時代末期に四国で修行を行う僧がいたと書いた。しかしこれが、すなわち現在の私たちが目にする四国遍路と同じであったというわけではない。

四国遍路の成立時期について、現在のところ五つの説が存在している。

①根拠はないが南北朝から室町時代、
②高知県越裏門《えりもん》地蔵堂の鰐口《わにぐち》に「奉心願者　大旦那村所八十八ヶ所」との銘文があり、それ

が文明三年（一四七一）に寄進されたものであることから、それ以前の室町時代前期、③根拠はないが室町時代末、④根拠はないが寛永〜慶安頃（一六二四〜五二）、⑤霊山寺が一番札所として案内書などに著される正徳年間（一七一一〜一六）以後の五説である。ただし歴史学者の内田九州男は鰐口の銘文を再検討することで、「八十八ヶ所」も「文明三年」も読み取ることができないとし、室町時代前期を成立時期にすることはできないと斥ける。そして、寛永八年（一六三一）版の古浄瑠璃『せつきやうかるかや』に描かれた「四国へんと」「八十八か所」にまで下ると結論づける。

序章で紹介した巡礼の五分類を提示する民俗学者の小嶋氏は、四国の八八寺院を廻るというアイデアは中世末期か近世初頭あたりに導入されたとみる。それ以前の修行者たちは、四国の空海ゆかりの地を自由に巡っていた。それが先行する観音巡礼の三三ヶ所巡礼や六六部《ろくじゅうろくぶ》、さらに熊野詣の九十九王子《くじゅうくおうじ》などに影響を受けながら八八という数字を決めたと思われる。最も古い四国遍路の案内記である『四国遍路道指南』（一六八七年）には弘法大師の修行時、四五八里を

大師御辺路の道法《みちのり》は四百八十八里といひつたふ。往古ハ横堂のこりなくおがミめぐり給ひ、嶮岨をしのぎ、谷ふかきくづ屋まて乞食させたまひし（中略）今ハ劣根僅に八十八

ヶの札所計《ばかり》巡拝し、往還の大道に手を拱《こまぬく》御代なれバ、三百有余里の道のりとなりぬ

（弘法大師は四八八里を巡って修行した。横堂などあらゆる所を残すことなく訪ね、急峻な山を越えながら乞食の旅を続けた。今はその中の八八の札所だけ、三〇〇里余りを巡拝することになる）

とあり、昔は札所寺院以外の横堂まで残りなく巡拝していたのだと記されている。江戸の初め頃はそのような巡礼が行われていたのだろうか。しかもこの引用部分では八八の札所はそれ以前の巡礼を簡略化したものとも読むことができる。

そもそも四国遍路の八八ヶ寺が史料に最初に登場するのは、前掲の『せつきやうかるかや』であった。この中に挿入された「高野の巻」という弘法大師伝に、「四国へんとハ八十八か所とハ申すなり」とある。八八という数字の由来は、それ以前に遡ることができないのである。

誰が作ったのか

さらに、本当に空海が開創したのかどうかもよく分かっていない。空海のほかに、空海の高弟である真済《しんぜい》や、熊野の先達らが開創したのだという説も存在する。

『四国辺路道指南』と同じ著者が書いた『四国徧礼功徳記』は、四国の各地に残る空海の伝

説や、巡礼者に身をやつした空海の説話を紹介している。四国遍路と空海の強い関係が明示されるが、しかし四国遍路を空海が開いたとはいわない。

そもそも誰が四国遍路は空海によるものと言い出したのかは不明である。道中記の中で空海開創の説が全面的に打ち出されたのは、中務《なかつかさ》茂兵衛《もへえ》が明治一六年（一八八三）に著した『四国霊場略縁起　道中記大成』である。ただし中務がこれを主張したのではなく、前書きを寄せた阿波真言宗学頭権大講義《がくとうごんだいこうぎ》の鉄崎実応《てつざきじつおう》である。それには、

夫（れ）四国八十八箇所拝礼の権輿《はじめ》ハ往昔《むかし》嵯峨天皇の御宇、弘仁年中、真言開祖弘法大師四拾二歳の御時、末世衆生済度の願力を興し、阿讃伊土四州の山里を、（中略）一度拝礼する人にハ、現当二世の福徳を増さしめ玉ふ大悲願を籠（て）開創《ひらき》玉ひたれバ、

と、はっきりと空海四二歳のときの開創と書いてある。

空海が開創したという説の根拠は、空海が二三歳の時に著した『三教指帰』に四国での修行経験に関する記述があるからだろう。空海が一九歳のときに求聞持法を修得するために行った室戸岬の御厨人窟での修行の中で、札所寺院が開基されたと考えられている。しかし、なぜ四二歳のときに開創したのかについては述べられていない。この翌年は高野山開創に当たり、これに先駆けて四二歳の厄除けとして四国遍路を開いたのだという説もあるが、それを支える資料は存在しない。

ただし、郷土史家の三好氏によれば、空海の修行前に四三の札所寺院がすでに存在していた。寺院開基時期に関する考古学の研究成果のほか、当時、高野山、京都、南都で忙しく活躍していた空海が四国遍路を開創する時間を持てたか考えると、空海開創説は「信仰的にはすぐれて」いても「明らかに誤説」(「四国遍路史研究序説」真野俊和編『講座日本の巡礼』第二巻聖蹟巡礼)である。

なお、『四国徧礼功徳記』には、空海の高弟の真済が、死んだ師を慕って遺跡を遍礼したのが四国遍路の始まりだと書かれている。その一方で、いつ、誰が定めたのかは不明だとも同書は記している。ともあれ、功徳記が書かれた当時、真済を開祖とする伝承が存在したことは確からしい。

巡礼ガイドは江戸期に登場

仏教の修行であった四国の遊行が、一般民衆に受け入れられ始めるのは中世後半、ブームになるのは江戸時代中期である。江戸期になると、現在でいうところのガイドブックにあたる四国遍路の案内記が出版される。確認できる最古のガイドブックが、すでに何度か登場している『四国遍路道指南』(以下『道指南』)である。発行年の貞享四年(一六八七)は、空海がこの世を去ってから五〇年ごとに行われる弘法大師入定八五〇年御遠忌《ごおんき》にあたる。この時期、四国遍路の巡礼者数は激増し、好評を博したこの本は出版後一年以内に第三刷を行っている。出版当時、この『道指南』は大坂の心斎橋や江戸堀のほか、阿波、讃岐、伊予でも手に入れることができた。

著者の宥弁真念《ゆうべんしんねん》は、大坂の寺島というところに住む貧しい修行者だった。やはり真念が書いた『四国偏礼功徳記』の跋辞（あとがき）の中で、真念は「身をわすれ、苦をいとはず、善を見てこれをよろこぶ」人物と紹介され、さらに巡礼者のために二〇〇以上の道標と巡礼者が休憩したり宿泊するためのいくつかの庵（遍礼屋）を立てたと記されている。三六番から三七番に至る高知県土佐清水市に、真念庵という遍礼屋があるが、これもその一つなのだろう。墓石や供養石から真念は四国遍路の途上で元禄四年（一六九一）にこの世を去ったと考えられる。

伊予史談会編の『四国遍路道指南』を開いてみよう。真念は用意すべきものとして、納札のための紙札と札はさみ板（おおよそ長さ一八センチ、幅六センチメートル）を挙げる。両方とも表面には「奉納四国中辺路同行二人」と書くよう記されている。順番に札所を廻るときには字頭を左に、札所を逆から廻る逆打ちのときには右に書く。そのほかの持ち物としてはリュックのような追俵《おいだわら》、めんつぅ（弁当箱）、笠杖、ござ、すねに当てる脚絆《きゃはん》、足半草履《あしなか》（かかとが地面につかない草履）などが勧められている。

真念が大坂に居住していたこともあり、旅の始まりは大坂から四国への出帆で、大坂から徳島、丸亀への船賃まで紹介されている。

徳島から一番札所の霊山寺までの道筋紹介のあとは、一番から八八番までの寺院紹介が続く。寺院紹介では所在する村の名前、本尊、御詠歌《えいか》、次の寺院までの道程などの地理情報が記されている。たとえば一番から打ち始めた巡礼者が最初に遭遇する難所、一二番焼山寺までの道筋は次のようにある。以下『道指南』に限らず引用は適宜現代文に訳すこととする。

ここから焼山寺まで三里の坂道には宿がない。一里半いくと柳の水がある。昔ここで弘法大師が休憩を取ったとき、楊枝を道の片側に立てると水がわき出て、楊枝も糸柳になったという。ここにはまた道標がある。さうち村に谷川があり、ここで水を浴びて垢《こ》離《り》取りをしてからさらに焼山寺に登ると良い。十八丁の坂の間に薬師堂がある。

宿の有無や空海伝説などの情報が盛り込まれている。愛媛県松山市の四六番浄瑠璃寺までについては、次のような記述もある。

久万から浄瑠璃寺まで五里。ゆかの村、東明神村、西明神村を通り抜ける。坂がある。峠から見下ろすと、堂々とした松山城。三津の浜、海岸の浪、川、本物の富士山のような伊予の小富士の眺望が楽しめる。島や釣り船を見下ろしながらやれやれとたばこを一服。

坂の上から見晴るかす絶景がまるで目に浮かぶような描写。たばこ一服とまであり、厳しい旅の途上でほっと一息つく気持ちが伝わってくる。

実際、真念は厳しくストイックな修行を提唱しているわけではない。これまた難所として名高い三七番岩本寺までの道筋について、

いのしりというところから横浪というところまで船で行っても良い。宇佐からの歩道は難所なので、乗船の許しがあると言われている。

と書き付けているように、険しい歩道を避けて船を使ってもよいのだと提示している。巡礼は歩きが正統とされるのは、第五章で見るように実は二〇世紀に入ってからである。さらに、札所は一番から順番に紹介されているが、「阿州霊山寺より札はじめハ大師御巡行の次第」である一方、一七番の井戸寺《いどじ》（徳島市）から始めた方が「勝手よし」としており、合理的な巡礼方法も提示していることも興味深い。御詠歌も『道指南』で初めて登場するが、個々のご詠歌を選定した基準や理由は不明である。

四国偏礼霊場記

真念は『道指南』に、寺の霊験や縁起を書き記すことができなかった。寺院の縁起、器物や宝物を探索し記したものを袋に入れて持ち歩いていたが、真念は一介の修行者。霊験や縁

起を学術的に書くことは不可能だったため、高野山の宝光院の学僧雲石堂寂本《うんしゃくどう》の元を訪ねた。寂本は四国遍路の経験はなかったが、真念の持参した資料を見て、その資料の編集を請け負ったのだった。

こうして生まれたのが、寺院の縁起などをまとめた『四国偏礼霊場記』である。ただし、寂本は真念の持ち込んだ資料をそのまますべて掲載したわけではない。彼にはいくつかのポリシーがあった。まず寺の縁起の多くは口伝えの伝承であり、資料の限界からそれ以外に確認できないものは「あやしき事ありといへとも、其伝《そのつた》ふるまゝに書侍つ」と、資料のままに記す。また、仏像や法具などの真偽が正しく識別できないものもやはり資料のまますべて記載する。ただし、道理に合わない縁起、妖怪変化など荒唐無稽な内容は排した。こうして取り除かれた霊験談をまとめたのが『四国偏礼功徳記』だが、これについては後に紹介する。札所には番号があるが、いつ誰がきめたのか不明だという理由から、その順番に従わずに書を進めている。

確認しておきたいのは「辺路」ではなく「偏礼」という語が初めて用いられていることである。次章で紹介する修験道的な「辺路」や「辺地」の世界観を脱して、弘法大師信仰を基盤とした「遍路」の世界へと向かっていくための重要な変化である。また、「八十八番の次第、いつれの世、誰の人の定めあへる、定かならず」と誰がいつ四国遍路を作ったのかは不明であると、弘法大師空海開創伝承には距離を取りながらも、「誕生院ハ大師出生の霊跡」である善通寺を八十八ヶ所打ち始めの一番として書き記していることも興味深い。

II　基本的な思想

四国偏礼絵図

巡礼地の情報を教えてくれるのは案内記ばかりではない。巡礼地の世界の情報を絵と文字で紹介してくれるものとして、巡礼絵図がある。

四国遍路の巡礼絵図はどのようなものか。文化四年（一八〇七）の『四国偏礼絵図』を開いてみよう。最初に目につくのは絵図の中央部に置かれた「四国偏礼之序」なる巻物のイラストである。巻物の右端には空海とその背後の大日如来の絵姿が置かれ、「夫レ四国偏礼ノ密意ヲ云ハバ」という書き出しで、四国遍路の説明文が始まる。それを現代語訳すると、次のようになる。

四国遍路で大事なことは、四国を大悲台蔵の胎蔵曼荼羅《たいぞうまんだら》として、幾多の寺院が十界皆《じっかい》成の曼荼羅を示していることである。仏の光はいつも世界を照らしている。仏は滅びることのなくつねに存在しているので全世界は曼荼羅であり、八十の寺院はこれになぞら

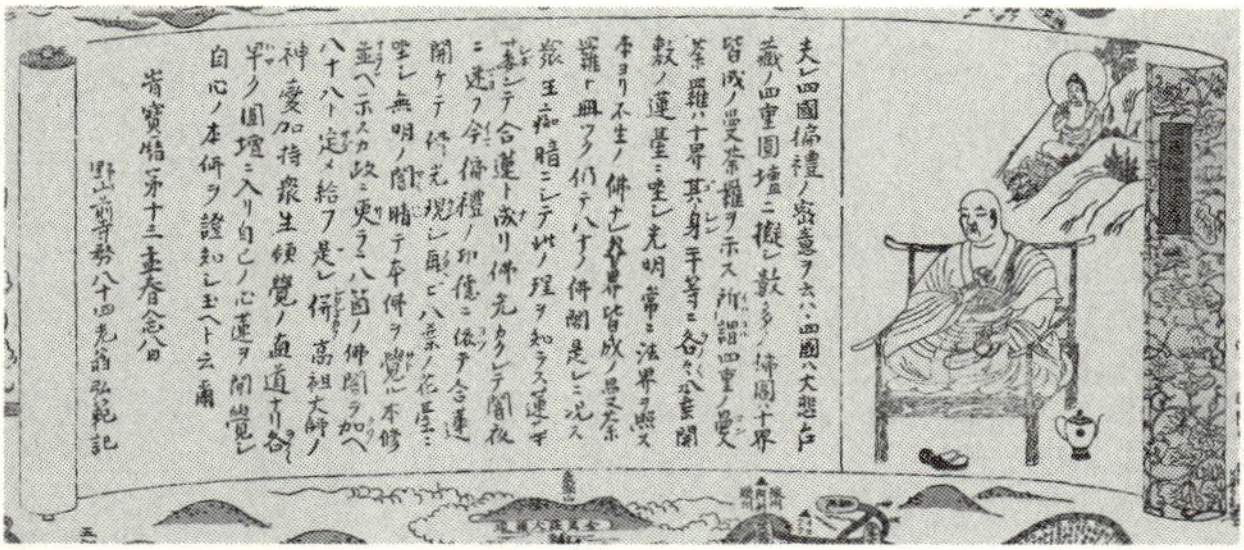

『四国偏礼絵図』部分。全体図は本書冒頭

えられる。人びとはこの道理を知らないため、蓮華はしおれて、仏の光もなくなり闇夜に迷ってしまう。しかし遍路の功徳によって蓮の花は開き、仏の光が差しこみ、無知の闇が開けて仏を感じ取ることができる。この八十の寺院に八の仏閣をさらに加えて八十八と定められた。これこそ高祖弘法大師の人知を越えた力であり、人びとが即座に悟りに達する道なのだから、早くこの曼荼羅に入り、己の心の中の蓮を開き、自分で悟りを開かれよと言われている。

文中の「大悲台蔵」とは、大日如来の大悲（衆生の苦しみを救う仏の広大な慈悲のこと）の胎蔵から生じた曼荼羅のことであり、四国はそこにある胎蔵界曼荼羅にたとえられる。密教の教えでは、金剛界曼荼羅と胎蔵界曼荼羅の二つが最も重要とされる。その後に続くのが四国遍路の八八の意義であり、それによると、胎蔵界曼荼羅の中心にある中台八葉院が十界ごとに存在することから、八かける一〇で八〇、それに四国遍路の功徳によって仏が蓮の八葉に現れ、その上に座ることから、合わせて八八となる。ちなみに中台八葉院とは、胎蔵界曼荼羅の中核部にある開花した八葉蓮華を、五色界道で方形に囲んだ区画をいう。「十界皆成の曼荼羅」とは、仏教で説かれる一〇の世界、すなわち地獄、餓鬼、畜生、阿修羅、人、天、声聞《しょうもん》（仏在世の弟子のこと）、独覚《どくかく》（一人で悟りをひらき、それを他人に説こうとしない聖者のこと）、菩薩、如来（仏）を絵画に表現したものである。

一見して分かるように、これは四国遍路の密教的な解釈である。仏教学者の松尾剛次によれば、この絵図の筆者は宝暦七年（一七五七）に第三一二代の高野山金剛峯寺の座主（寺務）になった弘範《こうはん》。この密教的意義付けは、その後印刷される絵図にも踏襲されていく。この解釈を施した宝暦一三年（一七六三）、弘範は高野山前寺務であった。このような密教学的な解釈は真念や寂本の著作にも、澄禅の日記にも見ることはできず、この時期に高野山を中心として形成されたものと考えられる。そして現在の四国遍路で紹介される「発心の道場」「修行の道場」「菩提の道場」「涅槃の道場」という四国の曼荼羅的解釈にもつながっていく。

さて、絵図の制作者は但馬（現在の兵庫県）に住む細田周英なる人物である。絵図左下の説明書きによれば、彼は延享四年（一七四七）に真念の『道指南』を手にして巡礼したところ、西国三三ヶ所には絵図があるが四国遍路には存在しないことからまず略図を作り、それを覚峰闍梨《かくほうじゃり》の巡礼に際して相談して改訂し、詳細な絵図を作成した、とある。細田が正しければ、この絵図が一番古い四国遍路絵図となる。

札所以外の情報も

絵図の情報を見ていこう。現在の地図と異なり四国が上下逆さま、つまり北が下、南が上に描かれている。絵図には上方に南、下方に北、そのほか東西の方角も記されている。これは制作者の細田が但馬に居住しており、また絵図の版元も大坂であることから、出立地の近畿から四国を望むように描かれたのではないかと考えられる。それと関連して、右下には「海上道法」として大坂、播州（現、兵庫県南西部）、備州（現在の岡山県）の下村から四国の最寄り主要港までの距離が記されている。また、淡路島と鳴門の間の鳴門海峡には鳴門名物の渦潮が描かれている。

楕円で囲まれた札所が赤色の線で結ばれており、赤い線に沿って村名が記されている。旅をする上では通行人や荷物、船舶などの検査・徴税などを行う番所、さらに大きな町である城下町も重要な情報であり、それらも記載されている。山や坂、峠のほか、川などの地形情報を示す記号も盛り込まれている。高さを誇る山には松が生えており、山頂が雲間から顔を出すという水墨画的な画法が見られる。徳島県小松島市の一九番立江寺《たつえじ》奥の院がある不動の滝もまた同様の画法である。

絵図は巡礼だけでなく、名所旧跡を訪れて楽しむ人に向けても提供されたのだろうか、六六番雲辺寺近くには亀山院の御陵、愛媛県今治市には朝臣の新田義助《にったよしすけ》の墓なども白丸印で記されているほか、金刀比羅宮や石鎚《いしづち》山も描かれている。石鎚山については山開きの情報まで記載されている。さらに札所として紹介されているものの中には、取星寺、星谷、月山、満願寺、篠山などいわゆる八八の札所ではないものもいくつか記されている。

先述の松尾によると、この絵図の密教的解釈はその後に出版される四国遍路絵図に踏襲されていくことになる。文章の内容だけでなく、この解釈を絵図の中央に配置することも模倣されていく。そもそも四国遍路の意義が仏教、真言宗によって積極的に語られることはなかったことを考えれば、この絵図が持つ意義はとても大きかったといえよう。

遍路道の風景

絵図に道が記されているように、四国遍路の根幹をなす空海への信仰とお接待は、札所と札所の間、その道行きにこそあらわれる。ここで、巡礼路の様子を紹介していこう。

四国遍路では「同行二人」という言葉をよく目にする。巡礼者は一人ではなく、空海とつねにともにいるという意味で、巡礼道具の金剛杖は空海の身代わりとされる。また、空海は巡礼者とともにいるだけでなく、四国の霊場を今も歩いているといわれる。たとえば、空海が橋の下で寝ているかも知れないので、金剛杖を橋の上でついてはならないといったしきたりも存在する。この空海に出会うために意図的に順番を遡って巡礼する、つまり八八番から八七、八六と一番に向かって巡礼することを「逆打ち」と呼ぶ。

四国遍路と空海への信仰との強い結びつきは元禄三年（一六九〇）に発行された『四国偏礼功徳記』（以下『功徳記』）に端的に現れている。筆者の真念は高野山の因縁話や弘法大師信仰を語りながら諸国で寄付集めをした高野聖だったようで、四国遍路も二十数回行っている。

『功徳記』は四国の伝承、とくに四国の人々、あるいは巡礼者の前に現れた弘法大師空海の霊験談をまとめたもので、空海への信仰を感じられるものになっている。第一話「大師に布を施した女の話」に始まり、第二七話「へんろへ接待する功徳の話」まで続く話は、弘法大師の起こした奇跡と戒め、巡礼による奇跡、巡礼者の歓待による奇跡のおよそ三つに分類可能である。

空海と関わりのある話を紹介してみよう。たとえば、第一話「大師に布を施した女の話」は、土佐の窪川村を訪れた巡礼僧に織りかけの布を切って施すと、その織りかけの布はいくら切っても尽きることがなく、その僧はきっと空海だったのだろうというもの。『功徳記』では空海は旅の僧侶の形をとって現れ、自らの素性を告げることなく、施しに対して泉を湧

『功徳記』右衛門三郎（左）と空海

かしたり貝の形を変えたり、あるいは自分を粗雑に扱った者に罰を与えたりする。

　罰の中でもっとも有名なのが第二四話「右衛門三郎の話」だ。伊予の浮穴《うけな》郡に住む右衛門三郎は托鉢の巡礼僧を叩き、僧が手に持つ鉢を割ってしまう。その後、三郎の八人の子どもが八日のうちに頓死し、悔やんだ三郎は巡礼を始める。二一度目の巡礼の後、阿波の一二番焼山寺の麓で死の淵に立つ三郎の前に空海が現れ、三郎の願いを聞いた空海は三郎を郡主の河野氏の子として生まれ変わらせた。なぜ生まれ変わりが分かったかといえば、死の間際の三郎にその名を書いた小石を空海が握らせ、赤子がその石を手に持って生まれてきたからである。赤子は成長し、松山にある安養寺を再興し、その石を寺に納め、寺名を「石手寺」（五一番札所）と改めた、という話である。

　興味深いのは、多くの功徳は、それが起こると知っていたために積まれるのではなく、事後的に確認されることである。奇跡や罰を起こしたあとに、「実はあれは御大師様だったのでは」といったふうにして空海はその素性を推定される。

Ⅲ　巡礼とお接待

お接待のメカニズム

空海信仰とともに、四国遍路を象徴する行為がある。それが「お接待」である。お接待とは、具体的には宿や金品の提供行為である。

十数年前、私が歩いて四国遍路をしていたときのこと。通り過ぎた自動車が停車し、中から人が降りてきたかと思うと、お菓子の入った袋をぬっと差し出し「お接待です」と言われた。私が初めて巡礼中に接待を受けた瞬間だ。また、とある納経所では納経代の小銭がなかったところ、「お接待なのでお代は結構です」とも言われた。

こうした善意は四国遍路でどのように位置づけられているのだろうか。

巡礼地やその周辺では、巡礼者を歓待することは、空海を歓待するのに等しいと考えられている。たとえば、巡礼者に無料で提供される宿は、善根宿《ぜんこんやど》と呼ばれるが、「善根」とは仏教用語で、よい報いを招くもとになる行為や、様々の善が生じるもとになるものを指す。善根宿の提供は、結果的に仏教における功徳を積むことになる。巡礼者が家を訪れて宿泊させてほしいと頼むこともあれば、夕方に近くの寺院で巡礼者を待ち、自宅に招く場合もあった。

いつ頃までこの風習が続いていたのか正確なことは分からないが、大正七年（一九一八）の高群逸枝《たかむれいつえ》の巡礼記には善根宿に宿泊したことが記されている。また、善根宿とは別に、巡礼者を宿泊させる遍路宿というのもあり、これは巡礼者が米などを持ち込むことで宿泊料金を安価に抑えた宿である。ただし、昭和三七年（一九六二）に出版された鍵田忠三郎『遍路日記』には巡礼者の宿泊を禁ずる宿がいくつも登場し、この時期になっても決して巡礼者が歓迎されていたわけではないことも記しておきたい。

　お接待として提供されてきたのは寝床やお金のほか、米、ワラジ、ちり紙などがある。また昭和初期までは床屋が無料で散髪したり、「次の車屋」と呼ばれた人力車の業者が巡礼者を次の寺院まで運んだりもした。

　お接待がいつから存在したのかは分からない。ただし、先に紹介した『功徳記』にはお接待の重要性が説かれている。たとえば第二七話「へんろへ接待する功徳の話」は、巡礼者に悪さをすると罰が当たり崇敬する人には幸いがあるので、接待や宿の提供を促すという筋である。『功徳記』の序文を書いた高野山宝光院住職の寂本は、このエピソードについて、「小さな因縁をもって大果を得た」仏教の話をもとに、功徳の重要性を説く注釈を施している。

　十返舎一九《じっぺんしゃいっく》が著した滑稽本『金草鞋』（一八二一年）第一四編でも、主人公が四国遍路の最中に米や草鞋、煮染め、梅干しのほか味噌など様々なお接待を受け、善根宿（「報謝宿」）にも宿泊している。一九は主人公に「接待に世話を焼きたいはつたいをありがへとて人はたいく〳〵」と川柳を詠ませ、二番極楽寺《ごくらくじ》前で「さあいくらでも好きなだけ持っておゆき。この『さいこがし』はおいらのかかあが剝いたんだから美味いこと請け合い」というかけ声とともに行われていた接待に対して、次のように語らせる。

「いろいろな接待があるがどこにも酒が接待されないのは困りものだ。俺は飯より餅より酒をまず施行するのに、田舎者は気が利かねえ。ああ、ここらで一杯俺に酒でも飲ませりゃ相当大きな功徳を積めるのに」

この直前に、尻を掻いた手で握った握り飯の接待が描かれ、酒や女性の接待はないのかと話す場面に移る。女性の接待とはつまりホステス的なサービスあるいは性的なサービスを指し、この手のやり取りは宿でも繰り返される。江戸時代の滑稽本の典型なのだろうか。いずれにしても、このように江戸時代中期から後期にかけてお接待の習慣が存在していたことは確認できる。

お接待は西国巡礼では見られない。世界に例を探すのであれば、スペイン北西部のサンティアゴ・デ・コンポステーラに眠る聖ヤコブの遺骸を訪れる巡礼があるだろうか。この巡礼路では、ルート上に救護施設が点在し、巡礼手帳を持つ巡礼者に宿を安価な値段で提供している。この場合のおもてなしは、キリスト教的な無条件の愛に支えられている。

ところが、四国遍路のお接待は、無条件の愛とは少し異なり、双方向の「ご利益」が期待される。まず、前にも触れたとおり、巡礼者への接待は空海への接待に等しいため、空海に対して間接的に供物を捧げる行為となる。また、巡礼者はお接待を施した人に納札を渡すことがあるが、この納札を受けると、お接待をした人も巡礼を行ったのと同程度の功徳を積むことができると考えられている。

また愛媛県松山市では、家族から死者が出ると、死者供養として、四九日後や忌日などに遺族が石手寺に出向いて、巡礼者に金銭やお菓子を接待していた。家庭内に病人があったり不幸が続いたりしたときにお接待を行うこともある。さらに、巡礼中にお接待を受けた人が帰還後に別の巡礼者にお接待を行ったり、子どもが巡礼しているときに親が別の巡礼者にお接待をしたりする「接待がえし」という習慣も見られたようだ。それだけでなく、メディアがそれほど発達していなかった時代には、諸国を旅することでさまざまな話題を獲得した巡礼者への接待は情報交換の場にもなった。このようにお接待のホストとゲストは、双方ともに何らかの形で利益を享受している。

いろいろな接待講

お接待には、個人の善意で行われる場合と、弘法大師空海への信仰を基盤にした「講」というグループ単位で行われる場合がある。講では、各戸より毎月定額のお金を集めてプールしたり、米や麦などを集めたりして、巡礼者への大規模な振る舞いと歓待に備える。

講による接待は、札所寺院周辺の村落によるものと、遠隔地からのものの二つに大別される。まずは周辺村落からの講の例を見てみよう。香川県善通寺市の七四番札所である甲山寺《こうやまじ》には、善通寺市の南に位置するまんのう町の七箇帆之山《しちかほのやま》地区から、毎年旧暦三月三日あるいは四日の一日間だけ接待を行うためにやってくる。この地域の接待講は天保年間（一八三〇～四四）に始まったといわれる。接待の活動は地区の約二〇〇世帯から米、小豆、味噌、干し大根、たくあんなどを集めることから始まる。そして、これらの品物を甲山寺境内の茶堂《ちゃどう》と呼ばれる堂の前で煮炊きし、接待の食事を振る舞う。

愛媛県の松山市でかつて行われていたお接待も紹介しておこう。久谷《くたに》地区の窪野町付近の集落では旧暦三月四日に集落あるいは組の行事としてお接待を行っていた。集落内の青年が各戸から米を集め、それを盆に乗せたり袋に入れたりして、巡礼者を接待した。小豆ご飯にしてお接待する集落もあったという。松末町では彼岸前後に五〇番繁多寺で接待を行っていた。接待する日が重ならないように世話人が各地区の実施日を調整し、当日は村人総出で寺の山門近くや池の堤などで小豆ご飯にたくあんを添えたものを接待した。このように接待は村や集落においては春の一大イベントだったのである。

この接待の場として機能してきたのが「茶堂」と呼ばれる施設である。ここでは、四国遍路の接待としてお茶だけでなくて煮豆や梅ぼし・だんご・いり餅などが提供されてきた。愛媛県の西予市や旧河辺村（現在の大洲市）の周辺には道ばたに茶堂が残されており、とくに西予市城川町には旧街道の辻々に茶堂が五九ヶ所も残存している。一間（約一・八メートル）四方の方形で屋根は茅ぶき、または瓦ぶきの宝形造《ほうぎょうづくり》で、正面の奥一方のみが板張りで、そこに棚を設けて石仏を祀っているのが典型的な茶堂の構造である。茶堂は虫送りなどの村落の習俗や儀礼が行われる場所であり、毎年旧暦七月には巡礼者や子どもたちに食事や茶を振る舞っていた。

地域コミュニティーの再生のために、茶堂の修復や復元が注目されたのは一九九〇年代半ばである。九四年に旧城川町、九八年に旧野村町（ともに現在の西予市）の茶堂が復元されている。

春とともにやって来る人たち

四国外からの接待講として有名なのは、和歌山県の有田市の講である。これは有田市・有田郡全域と海南市下津町小原地区の人々によって構成され、毎年春に徳島県鳴門市の一番霊山寺で接待を行っている。その起源は文化一五・文政元年（一八一八）ともいわれる。明治維新前後の混乱期や第二次世界大戦中には一時的に中断したが、昭和二二年（一九四七）に再開されてからは現在までその活動が続いている。講の世話人は地区の各戸を回って金品を集め、それを鳴門市へ搬送する。霊山寺境内の山門脇には、同じ和歌山県の野上《のかみ》施待講と共同で、天保一三年（一八四二）に建てた接待所があり、そこで接待を行う。野上施待講は、有田市の講より歴史が古く、その始まりは寛政元年（一七八九）といわれている。巡礼者に物を施すという意味から、野上の場合は「施待講」と名付けられている。

両講の金品は、今はフェリーで搬送しているが、かつては地元の漁師たちが無料で物品を搬送していた。漁師たちは輸送の功徳で大漁の幸があると考えていたのである。

このほか、岡山県の数ヶ所や広島県尾道市からは、七七番道隆寺《どうりゅうじ》へ団体で接待に来ている。また、大分県臼杵《うすき》市周辺からの接待講は、第二次世界大戦が勃発するまで、松山市の五二番太《たい》山寺でうどんを振る舞っていた。春に講員一〇人が接待船を仕立ててやって来て、太山寺《さんじ》の茶屋に宿泊しながら一〇日から一ヶ月近くうどんを振る舞い、太山寺境内には「饂飩接待講」の寄付石が立っている。さらに、徳島県小松島市の一九番札所の立江寺には大阪府南部から和泉接待講・信達《しんだつ》接待講が来ていたし、また昭和初期には、その立江寺自身が、接待を行って善根を積むという「善根会」を組織していた。

面白い記録としては、明治四一年（一九〇八）に四国を旅した大阪毎日新聞社の記者が、徳島県日和佐の二三番薬王寺山門下の接待を記事にしている（五月五日付）。接待をしていたのは、和歌山の伊都郡と那賀郡からの三十余名。記事によれば文政九年（一八二六）から始まった講で、毎年船でやって来ては四十余日接待を続けていたようだ。記事が書かれた年は、食料や雑貨のほか、お金三四〇円が振る舞われた。見積もり金額は一八〇〇円。現在の価値に換算すると、六〇〇万円ほどになるだろうか。接待講の講員は毎日朝から晩まで握り飯や味噌汁を作っては振る舞う。「四国第一の大接待講ではなくて、実に全国第一等の大接待団体である」と記者は賞賛している。

本章で見たように四国遍路は弘法大師空海への信仰に基づいた世界観を持っている。寺院内での振る舞い、札所や巡礼路で目にする風景、巡礼者と住民との関わり方などにそれは及ぶ。巡礼者への報謝や接待は、次章で述べるような多くの貧しい人々の四国遍路への参入を促した。ただし空海による四国遍路開創という伝説も含めて、こうした弘法大師信仰を基盤とした世界観は江戸時代を中心に形成されたものである。

では江戸時代に四国遍路はどのように制度化されたのか。次章で見ていこう。

第二章　江戸時代の四国遍路

I　巡礼の実態

辺路から遍路へ

かつて「辺路《へじ》」という言葉が使用されていた。この言葉の初出は弘安年間（一二七八～八八）の『醍醐寺文書』で、「四国辺路、三十三所諸国巡礼」と記されている。この頃の「辺路」は修行の道を指すもので、現在のような八八の寺院を廻るものではなかったようである。時宗開祖の一遍上人《いっぺんしょうにん》も四国の辺路を旅した。

四国遍路の道中の寺院には、中世の巡礼者たちが残した落書きが散見される。たとえば、香川県観音寺市にある六九番観音寺《かんおんじ》には、「常州下妻庄造各□□弁阿闍梨□貞和三年三月廿五日」と、貞和三年（一三四七）に常陸からやって来た僧侶（阿闍梨）の落書きが残されている。室町時代初期のものだ。落書きの数は、戦国時代以降になると多くなり、八〇番国分《こくぶん》寺《じ》（高松市）では「四国中辺路、同行只二人納申候」という永正一〇年（一五一三）の落書きが見つかっている。「中辺路《なかへじ》」とは海から山の中に入っていくルートを指す。海岸線をめぐる距離の長い「大辺路」と、内陸を歩くいわば内側の「小辺路」もあり、熊野古道でもこの言葉が用いられている。確かに国分寺は海岸部から内陸に入ったところにある。

彼らが歩いた「中辺路」がどういったルートかは、残念ながら伝わっていない。愛媛県松山市にある四九番浄土寺本堂の厨子からは、巡礼者の出身地を記した落書きが見つかっており、大永五年（一五二五）から八年にかけて、三河や越前、播磨のほか高野山から巡礼者が来たことを今に伝えている。ちなみに落書きは決していたずらでなされたものではなく、現在の納札にあたる、寺院での祈願行為の一つだった。

宗教学者の五来重は海の向こう側にあるあの世へ向かう「補陀落渡海《ふだらくとかい》」という修行が海辺を修行して歩く辺路修行を生み出し、熊野や四国がその修行地であったと考える。熊野にも中辺路や大辺路と呼ばれるルートが存在するのはこのためである。また歴史学者の寺内浩氏は、補陀落信仰のほかに西方極楽浄土へ往生を願う阿弥陀信仰も四国が辺路修行地とされた理由に挙げる。そして、平安時代に登場する本宮・新宮・那智のいわゆる熊野三山の熊野修験者が全国に熊野信仰を説いてまわる中で四国にも入ってきた。このようにして、弘法大師への信仰とはまったく関係を持たずに、中世以前の辺路は展開していったと考えられる。

ただし、江戸時代以前に四国を廻った彼らの様子を今に伝える史料は、ほとんど残っていない。四国の旅人の動向を具体的に伝える資料の初見は江戸幕府開府の直前、慶長三年（一五九八）の阿波駅路寺史料である。駅路寺とは、阿波の蜂須賀家政が領内の八ヶ寺を指定し、一般人と巡礼者の宿泊施設として提供したもの。たとえば、

定

一、当寺の儀、往還旅人一宿の為め建立せしめ候の条、専ら慈悲肝要為可《たるべ》く、或いは辺路の輩、或いは出家侍百姓に不寄《よらず》、行暮《いきく》れ一宿を相望む者に於いては、似相《にあい》の馳走を有る可き事（旅人のために建立したのだから、慈悲が肝要である。辺路、出家者、侍、百姓に限らず、一宿を望むものには相応の食事を与えること）

このような施設の登場は、阿波内の巡礼者が少しずつ増えてきたことを示唆している。

江戸時代のまとまった日記として最古のものは、承応二年（一六五三）の京都智積院《ちしゃくいん》の学僧・澄禅《ちょうぜん》による巡礼の日記である。澄禅の前の記録としては、『空性法親王四国霊場御巡行記』がある。これは、寛永一五年（一六三八）の八月から一一月にかけて、大覚寺宮の空《くう》性法親王《しょうほっしんのう》（一五七三〜一六五〇）が巡礼をした、その記録である。空性法親王は早くから密教を学び京都の嵯峨大覚寺門跡《もんせき》となり、慶長三年（一五九八）には大坂の四天王寺別当を務めた。その彼が齢六五で行った巡礼を同行した賢明が記録したのがこの巡行記である。

旅は伊予の四四番大宝寺《だいほうじ》から始まり四五番、四六番と順番どおりに八八ヶ所すべてを廻る。しかもたとえば、「敵襲除《よけ》の城の址、遠近見坂に休憩《いこい》して、左に高き久味《くま》の峰、右を見降す二葉山、（以下略）」というように、記述は七五調の美文で続けられる。賢明の高い教養をうかがうことができる。ただし全体の約半分は伊予の記述が占め、寺院名や名勝地の名前が中心であるため、どのような旅をしたのか、当時の巡礼がどのようなものだったのかを知ることは困難である。

最古の詳細な巡礼の記録である澄禅の日記からは、当時の寺院の様子がうかがえる。彼が旅した当時の札所寺院の多くは荒廃しており、住職がいないところもあった。旅の始まりの一七番井戸寺（徳島市）からして「堂舎悪ク退転《たいてん》シテ昔ノ礎ノミ残リ」と記され、その後も現在の徳島県の札所は軒並み荒廃、退転している様子が記録されている。伊予でも西条市の六一番香園寺《こうおんじ》には住職がおらず、五六番泰山寺《たいさんじ》（今治市）は住職がいないばかりか、「蕃《ばん》衆《しゅう》」や「俗人」もいる始末だった。歴史学者の新城常三氏は、多くの札所寺院が荒廃したまま放置されていたことから、江戸時代初期には巡礼者があまりいなかったと推測している。澄禅の日記はそんな時代の遍路の風景を写し取るものであった。

なお、それからわずか三〇年ほど後に記された真念の『四国辺路道指南』（一六八七年）と、真念の持ち寄った資料を寂本が編んだ『四国偏礼霊場記』には、寺院荒廃の記述はない。

僧侶・澄禅の旅

澄禅の日記を詳しく紹介しよう。昭和三九年（一九六四）度から四二年度まで文化庁によって実施された「四国八十八箇所を中心とする文化財特別総合調査」において、宮城県塩竈市の塩竈神社で一冊の日記の写本が発見された。この日記の筆者が澄禅大徳である。彼は、近世の悉曇学《しったんがく》（悉曇はサンスクリットの意）の大権威で、梵字の書で一門を成した。

日記によれば澄禅は承応二年（一六五三）の七月一八日に高野山を発ち、二〇日に船で鳴門海峡を渡ろうとするが波が高かったため逗留し、二四日に出帆、二五日に阿波国に到着した。現在の徳島市にある一七番井戸寺から巡礼を開始し、その旅は、九一日間に及んだ。なぜ巡礼を思い立ったか、どのような出で立ちで旅したのかなど詳細は書かれていないが、この日記は当時の四国遍路の様子を伝える貴重な史料である。

澄禅は京都から高野山にわざわざ出向き、そこから日記を始めており、八八ヶ所をすべて廻り終えてから再び高野山に戻ったところで筆を置く。高野山と四国の往復日数を加えれば合計一〇〇日の旅だが、彼自身は四国内での旅の日数九一日を遍路の旅としている。つまり、現在のようなすべての寺院を参詣したあと高野山へ結願終了の参拝をするという考えを持っていなかったことが分かる。ではなぜ高野山にいったん立ち寄ったのか。その理由は記されていないが、巡礼研究家の白木利幸氏は、四国遍路に精通する人物を訪ねてアドバイスを受けた可能性を指摘する。その人物とはすでに四国を何度も旅していた真念だったのかも知れない。

さて澄禅は現在と同じ八八の札所寺院を訪れている。札所の数だけでなく、河川や道、坂のいずれも「道四百八十八里」「河四百八十八瀬」といった具合に、八八という数字が取り入れられていることから、この時期にはすでに八八という数字が四国遍路と深い関係をもっていたようだ。

先述したように一七番井戸寺が「堂舎悪ク」と書かれており、日記に記されるほとんどの寺はかなり荒廃していた。一七番から始めた旅は土佐、伊予、讃岐を経て再び阿波へと帰ってきて、一番から一六番まで続く。一二番の終盤、再び阿波に戻ってきた時、坂を登って遠くに見える寺を、これこそ焼山寺だとうれしく思ったのに、行ってみると本堂は「イカニモ昔シ立也」、昔に葺いた瓦は屋根から落ち、「何代ニ修造シタリトモ不知《しらず》」というほど荒廃し、鐘も鐘楼も倒れているといった有り様。阿波では二三ヶ寺中一二ヶ寺、伊予では二六ヶ寺中一二ヶ寺が荒廃している一方、土佐は一六ヶ寺すべての寺観が整っており、讃岐は二三ヶ寺中四ヶ寺だけが荒れている。

このように、荒廃の度合いに差があったのには理由がある。天正一三年（一五八五）、豊臣秀吉は、四国を支配下に置いていた長曽我部元親《ちょうそがべもとちか》を攻めた。このいわゆる「四国攻め」が、四国の寺社に大きな損害を与え、札所寺院もまた大きく荒廃した。しかし高知土佐藩では藩主の山内忠義、讃岐は生駒氏をはじめとする歴代当主が寺院の再興に取り組み、澄禅が旅した時代にはかなり復興していたのである。これが阿波や伊予との差を生み出した。ただし、先の章で紹介した寂本の『四国徧礼霊場記』ではほとんどの寺院の寺観が整っており、澄禅以後に復興が進められたと考えられる。

澄禅の眼にうつる四国遍路

澄禅はその土地の人々の生活を観察し記録している。阿波国については、豊かな者もそうでない者も「慈育ノ心深シ」と書いている。土佐もみんな慈悲心深く、竹、木、米穀などの農林生産が豊かであるが、ただし言葉は田舎くさいと記し、反対に伊予は都会で田舎くささが少ないのだが、信心が薄いと書き残している。ただしまれに仏道に関心を持つ男女がおり、その人たちの信心はとても厚かったようだ。讃岐も伊予に風俗が似ていて、「サスカ大師以下名匠ノ降誕在シ国ナル故ニ密徒ノ形義厳重也」と、弘法大師の生まれた国ゆえに密教が盛んだと敬意を表している。

このような観察はどのような旅の中で行われたのだろうか。旅はほとんどを徒歩で行っている。ただし、川を渡るために渡船を利用するのはもちろんだが、現在の高知県土佐市にある三六番青龍寺《しょうりゅうじ》から四万十町の三七番岩本寺へ向かう途中では長距離の船を使っていて、この区間の陸路は難所であるため船による移動が以前から採用されていたと記している。

決して苦しいばかりの旅だったわけではない。二八番大日寺《だいにちじ》（高知県香南市）近くの菩提寺にて一泊したおりには、そこに隠居するかつて石田三成の家臣だった雨森四郎兵衛に出会い、彼から三成の最期の話を聞いている。「終夜ノ饗応中々面白キ仁也」とある。翌日は雨にたたられ川を渡ることができず、近辺の田島寺に宿泊する。ここでは「前ノ太守長曽我部殿普代相伝ノ侍」だったが出家した齢八〇ほどの老僧侶に出会う。この老僧、大の酒好きで「夜モスカラ昔物語トモセラレタリ。天性大上戸ニテ自酌ニテ数盃汲ル、也、大笑」とある。澄禅が酒を飲んだかどうかは分からないが、酒を前に語り合って夜を過ごしたらしい。

両夜とも彼は寺に宿を借りている。九一日間の旅で、合計六八ヶ所に宿泊した。最も多いのは寺院で、四〇ヶ寺、そのうち、一八ヶ寺が札所であった。阿波国では、先述の蜂須賀家政が慶長三年（一五九八）に指定した駅路寺にも宿泊している。この駅路寺は行き暮れた遍路をはじめとする旅人に宿を提供し、また監視するために指定されたもので、合計八ヶ寺あり、澄禅はこのうち三つに宿ったようだ。ただし現在のような宿坊ではなく、部屋の質も様々だった。

著名な学僧だからといっていつも寺院に歓迎されたというわけではない。駅路寺の円頓寺《えんどじ》では追い返されているし、夕刻に訪れた二八番大日寺では、日暮れに宿を借りようと思ったのだが無情にも追い返されてしまう。すでに夕暮れ。「然間、力《ちから》ヲ失ヒ、山ヲ下リ」と、がっくりうなだれてとぼとぼ下山した様子が目に浮かぶ。結局その日は、菩提寺という寺に宿泊している。

寺院の次に多く宿泊したのは民家であった。地名のみで家についての記述がないものも含めると全部で二六回である。宿代を支払ったかどうかは書き記されていないが、もし無料で宿が提供されていたのであれば「善根宿」ということになる。第一章で紹介した真念の『四国偏礼功徳記』でもお接待の重要性が説かれていたように、当時は、巡礼者へ無料で宿を提供することで奇跡を受けたり功徳を積んだりすることができると考えられていた。

澄禅は、遍路屋にも二回宿泊している。遍路屋とは巡礼者の無料宿泊施設である。四国遍路では大師堂や阿弥陀堂の村堂がそれにあたり、澄禅が利用したのも、土佐の東端にある甲浦近く、野根の大師堂と、愛媛県宇和島にあった大師堂である。後者については「追手ノ門外ニ大師堂在リ是辺路家ナリ」と書かれている。辺路屋とは記されていないが、村民の信仰のために村に建てられた大師堂、地蔵堂、薬師堂、観音堂も巡礼者の休憩所や宿として機能していたが、これらは村堂と総称される。

ただしいつでも遍路屋に宿泊できたわけではなかった。たとえば、薬王寺のある徳島県海部郡では遍路屋に宿を取ろうとすると坊主に追い出されている。

井戸寺から始め、阿波、土佐、伊予、讃岐、そして再び阿波の寺院を廻り終えた澄禅は日記の最後に次のように記している。

世間流布ノ日記

札所八十八ヶ所　道四百八十八里　河四百八十八瀬　坂四百八十八坂

私ニ云

阿波六十里半一町　土佐八十六里　伊与百廿里五町　讃岐三十七里九丁　合テ二百九十五里四十町也

阿波十日　土佐廿日難所故也　伊与廿日難所少キ故ナリ　讃岐八日小国ナレトモ札所多故也

すでに何でも八八に結びつけて語られていた四国遍路。それを、自分で歩き、見て分かった正確な情報で誤りを訂正している。和歌山に到着したのは、一〇月二八日。新暦で言えば一二月の中旬である。高野山はすでに厳しい寒さだったのだろうか。

旅に出た江戸時代の人びと

澄禅は高野山から、つまり四国の外からやって来た。江戸時代、四国遍路の旅に出るためには往来手形と納経帳のほか、四国外から来る人々は船揚切手が必要だった。

まず、往来手形は身分証明書であり、各地の御番所（関所）の通過、止宿《ししゅく》、渡船利用の許可等を求めるのに使い、さしずめ現在のパスポートのようなものである。納経帳は、娯楽のため、あるいは行乞《ぎょうこつ》のための巡礼ではなく、宗教的な動機であることを示す。これを持参しているかどうかが、第四章で紹介するように高知土佐藩における遍路取り締まりの基準でもあった。

そして、四国外からの旅人は、上陸した港で船揚切手を取得しなければ、四国内の番所などで通行が禁じられることがあった。澄禅も、おそらく阿波の渭津《いのつ》の港でこの切手を手に入れたのではないだろうか。

幕末から明治にかけての探検家で、「北海道」の名付け親としても知られる松浦武四郎は、四国遍路を行った日記の中で「此の船揚り（船揚切手）を持たざるものは、土州甲の浦の番所等ニ而　甚《てはなはだ》　睦《むず》ケ敷《かしく》云て通さゞること也。故ニ遍路の衆は皆失念なく此湊ニ揚《あが》り切手を取行かるべし」と書いている。松浦は讃岐丸亀に上陸したときこの船揚切手を取得したようだ。

丸亀は渭津と並ぶ大坂からの寄港地で、公設の巡礼者宿泊施設が作られていた。往来手形、寺請手形《てらうけてがた》を改めて間違いがなければ一泊することが許されていたのである。

四国外からやって来た巡礼者たち

四国の外側からは、どれくらい巡礼者はやって来たのだろうか。

四国に次いで多くの巡礼者を出したのは、瀬戸内海の対岸にある山陽道の諸国であった。歴史学者の新城常三氏によると、備中浅口《あさくち》郡乙島《おとしま》村（現岡山県倉敷市）からは天保一五年（一八四四）には年間六四人が巡礼に出ている。天保一四年（一八四三）から明治三年（一八七〇）にかけての二七年で、三六五人が巡礼に出ている。一年あたり二〇人弱で、当時の同村の戸数は四〇五軒だったため、それらを勘案すると、約二二軒に一人の割合で四国遍路を行っている計算になる。乙島村から、いかに多くの人々が四国に旅立ったかが分かる。

また、瀬戸内海沿岸部だけでなく、九州の東海岸、とくに豊後（現在の大分県）でも四国遍路が盛んだった。このように近畿を含めた西国で四国遍路の巡礼者が見られ、東に行くにしたがい、その数は減少する。ただし四国遍路がブームを迎えた元禄期には、東の藩でも四国遍路の巡礼者が見られた。たとえば、愛知名古屋藩の元禄二年（一六八九）の記録には「近年御城下町中男女西国順礼、四国辺渡《へんど》仕《つかまつり》候者共、年々多く罷成」と、この時期にかなりの数の巡礼者があったことが記されている。長野県中部の信州東筑摩郡に散在する廻国巡礼を記念した塔で江戸時代のものは百余点にのぼるが、最古が元禄期のものである。しかもこの東筑摩郡からの巡礼者は比較的裕福な農民だったと歴史学者の新城氏は指摘する。つまり、社会が豊かになる中で四国から離れていても巡礼の旅に出た人々が現れたと考えられる。

さらに遠く、関東や東北から四国に巡礼に来た者も少数ながらいた。一七〇〇年代から一九三〇年代までの、二九六の伊勢参宮の道中日記を分析した地理学者の小野寺淳氏は、そのうち三点が、伊勢参宮ののち、金毘羅参詣をして四国遍路を行ったものであると明らかにしている。さらにこのうち、天明九年（一七八九）に現在の東京都八王子市を出立した人物は全行程八三日間のうち四三日間、四国で巡礼をしている。現在でも徒歩で巡礼をした場合、四〇日程度を要することを考えれば、あまり寄り道をせずに八八の寺院を廻ったのであろう。

ただし、東国からの旅人を惹きつけたのは、四国遍路というより寛政年間、一八〇〇年頃から盛んになる金毘羅参宮であり、それへの参詣後に四国遍路の札所寺院のいくつかを訪れながら安芸の宮島にまで足をのばす者もいた。たとえば、弘化二年（一八四五）に現在の東京都世田谷区を出立した旅人は、金毘羅参詣ののち丸亀から伊予の道後温泉まで、いくつかの札所寺院を参拝しながら移動し、松山から宮島、さらに岩国を訪れて帰路についている。

遍路は春と秋に？

道中日記を書き記すことができ、かつそれが残されているということは、その人物が高い読み書き能力と社会的地位を持っていたことを意味する。第四章で詳しく触れるように、四国遍路の巡礼者の多くは低い社会階層に属していた。そのことを勘案すれば、道中記だけで巡礼者の全容を把握することはできない。しかし、江戸時代の中期から後期にかけて、東国からはるばる旅ができるようなある一定の社会階層にとって、四国遍路は、西国巡礼や伊勢参宮、金毘羅詣でなどとセットで行われるものだったことはいえるだろう。

もちろん、四国遍路を行った人の大半は、四国内に在住する巡礼者である。しかし、その人数を算出することは、ある意味、四国外からの巡礼者よりも難しい。というのも、彼らのなかには、春や秋の特定の日に数ヶ寺だけ廻る人も多くいるからである。

伊予の小松藩の記録をひもとくとしよう。その資料とは、小松藩の「会所日記」である。歴史学者の新城氏によると、一七四二年（寛保二）から一八六二年（文久二）までに小松藩から四国遍路に出た者の数は一九二五人にのぼり、年平均で四八人になる。これが四国の平均値であると仮定すると、四国内の村落から旅立った巡礼者数は、毎年五〇〇〇から七〇〇〇人台になるだろうと試算している。

第四章で紹介するように彼ら四国在住の巡礼者の何割かは、おそらく何らかの理由で村落を追われ、寄る辺なく四国を旅した人たちである。彼らは一年をとおして見られたが、現在

「遍路」とは春の、「秋遍路」とは秋の季語として使われるように、次第にその数は春と秋に集中するようになった。これには江戸時代における巡礼者の社会階層の変化と、藩の政策が関連している。

江戸時代初期までは武士の巡礼者が見られたが、その後は百姓などの庶民の巡礼者が多くなっていく。百姓が旅に出られるのは農閑期や田植え前、そして彼岸だった。これ以外の時期に巡礼に出られると困るのは年貢を取り立てる藩である。実際、文政七年(一八二四)、高知土佐藩は四国遍路の願いが季節に関係なく出ているのに対して「農業之者ハ勿論職人を初《はじめ》商人間人共志願より四国順拝之儀願筋ハ春分正月を過《すぎて》願出候儀ハ当時御指留被仰付《おさしとめおおせつけられる》筈」と、旧暦の正月、つまり春に願い出るものは許可しないと制限をかけていた。

もちろん、遍路を短い期間、一部の寺院に小分けして行うのは、藩の事情だけでなく、すべての寺院を廻るには費用も日数もかかりすぎるという民衆側の事情もあるだろう。私たちがイメージする宗教的巡礼としての「四国遍路」とは少し異なるが、近隣のいくつかの寺院を参詣するスタイルも存在したのである。

香川県西部の西讃地方には、春や秋のお彼岸に大師講の人が揃って周辺の七つの札所寺院をまわる「七ヶ所詣り」が存在した。香川県仲多度郡では善通寺、甲山《こうやま》寺、曼荼羅寺、出釈迦《しゅっしゃか》寺、弥谷《いやだに》寺、道隆寺、金倉《こんぞう》寺の、やはり七つの寺院に参拝していた。こうした習慣は四国各地で見られ、お詣りする寺院の数はそれぞれの地区や地方によって異なり、五ヶ所詣り、十ヶ所詣り、一七ヶ所詣り、さらには一つの県内の寺院をめぐる一国詣りなどが存在した。いずれも八八すべてを廻るのではなく、春や秋の農閑期を利用し、村の人々で一日ないし数日で寺院を訪れることに特徴がある。高知県の享和元年（一八〇一）の記録には、「七ヶ所辺路」のために家中の婦女子総動員で、泊まりがけで出かけているとある。大変な人気だったことがうかがえる。

時代は下るが、香川県の漫画家だった荒井とみ三は、昭和一七年（一九四二）の『遍路図絵』で次のように記している。

一国巡りは、春詣り秋詣りとも云はれて、県下八十八ヶ所を、二日、三日と打止める事と、本四国八十八ヶ所を、五日又は七日位巡礼して帰宅し、又日を改めて遍路に出かけるかであつて、この風習は土地の者に多いのである。従つて衣類等も白衣が少く、春秋着のセルとか単衣等が多い。

背には風呂敷包に納経行李その他を包み、それに雨カッパがくゝりつけられてゐる。

「本四国八十八ヶ所」とは本当の八八の寺院のことであり、一週間ほどかけて一国ずつ巡礼することを指している。「県下八十八ヶ所」を二、三日で廻るというのがよく分からないのだが、香川県下のいくつかの札所を参詣するか、あるいは香川県の中に作られた写し霊場と呼ばれるミニチュア版の八八ヶ所を二、三日で廻るということであろう。ただし当時、香川県下にこうした写し霊場が実際に存在したかどうかは不明である。

春と秋に催行される数ヶ寺の巡拝は娯楽の少ない時代には、レクリエーションの意味合いを含んでいた。また、前章で紹介したように、お接待と数ヶ寺詣りを併せて行うところもあった。

II 若者たちの歩き方

通過儀礼としての若者遍路

四国の村落単位で行われる娯楽としての参拝は、若者たちが中心となることが多かった。松山市とその周辺でも、若者たちによる巡礼がよく見られたようだ。これは、四国遍路を経験することで初めて一人前として認められる、あるいは結婚の資格が与えられる村や地方が多く存在したからである。愛媛県では四国遍路のほか、石鎚山登拝も体験していなければ、社会的に一人前だと見なされなかった。

動機が信仰によるものではないので、遍路の様相も、今日私たちがイメージするものとは違ってくる。たとえば、愛媛県の若者たちは、白い笈摺ではなく、伊予《いよ》絣《がすり》と呼ばれる松山特産の藍染の紺地絣や、黒色の着物を身につけて旅立った。紺や黒の衣装に身を包んだ彼らは、カラスヘンドとも呼ばれた。また、血気盛んな若者たちの中には、誰が少ない日数で八八の寺院を廻り終わるか競う者もおり、「伊予のハシリヘンド」と呼ばれていた。ただし村のメンバー全員が巡礼にでかけたわけではなく、日蓮宗の檀家（法華）の若者は参加しなかったという記録もある。

一方、高知県では若者遍路を「バブレヘンド」と称した。これは吾川郡春野町（現高知市）の若者たちが行っていた七ヶ所詣りのことである。バブレというのはおどけて暴れることで、巡拝後に河原や屋内で結願《けちがん》の宴会を開いて大騒ぎしていたことに由来する。

近代の話になるが、愛媛県の若者遍路について、小嶋博巳氏が詳細な聞き書きを残しているので紹介したい。

松山市の和気地区では大正時代まで若者遍路の風習が残っていた。この地区の学校を卒業した男子は、一六歳から一七歳頃になると親元を離れる。空き家などで共同生活を始め、その仲間で四国遍路に出かけるのである。だいたい二年から三年ごとに集落から旅立つことになっていた。般若心経などの唱《とな》え言《ごと》は、集落内の経験者から教えてもらっていたようだ。納経帳は父や兄が使用したものを持参し、笠や杖などは松山市でそろえた。道中ではよく米などの接待を受けたが持ち歩くのが重いために宿や民家で売ることもあった。

旅の恥はかきすてというのだろうか。あるいは若さ故なのだろうか。ハメを外すことも多く、喧嘩をしたり女性をからかったり、あるいは宿泊施設をわざと壊したりすることもあったらしい。主に巡礼者の宿泊する宿に泊まったが、金刀比羅宮では大きな旅館の、しかも上等な部屋に泊まり、飲酒の上、女郎屋に繰り出す。こうしてともに巡礼した仲間は「同行」と呼ばれ、一生涯の付き合いとなっていた。

若者遍路の文化は、彼らだけでなく、家族によっても支えられていた。たとえば、息子を巡礼に出した家族は、息子たちの足にマメができてはいけないと豆を煎らないようにしていた。他の家の人から、煎った豆を留守見舞いとして受け取り、見舞いを貰った家は、息子が巡礼から帰ってくると参詣土産を返礼として配った。息子が帰ってくるときも、家族は「エコギモノ（回向着物）」やマチギモノ（待ち着物）と呼ばれる衣服を新調し、息子の帰着を待った。若者たちはいよいよ帰宅が近づくとその知らせを送り、家族はそのマチギモノを持って出迎え、着替えさせ、氏神に参り、村中

明治時代の巡礼者

を練り歩いてから家に入る習慣があったようだ。結願式、納めの祝い、下向祝いなどと称して家に親戚縁者を呼んだり、青年会堂、氏神に集まったりして盛大な精進落としをするところも少なくなかった。

こうした習俗は、巡礼後の若者たちが、巡礼前とは異なる聖なる存在と見なされていたことを示している。大人になるための通過儀礼として四国遍路が利用されていたといえるだろう。若者に限らず、巡礼者が帰還するとき、村の境界や坂まで迎えに行く習慣が存在した。彼らもまた聖なる存在であり、村に特別な何かをもたらすと考えられていた。高知県高知市の朝倉には、寛文五年（一六六五）、巡礼を終えた友人を迎えに「坂迎え」に出かけたという日記が残されている。坂迎えとは四国遍路に限らず神参りや仏参りなどで遠方へ旅行した者を出迎えること、またはその際に行われる儀礼を指す。本来は村境まで出迎える「境迎え」で、坂迎えと書くのはその後に変化したものと考えられる。

娘遍路

女性がグループを組んで出立する村も四国内外に存在した。松山市のいくつかの集落、大分県の別府、そのほか瀬戸内海の興居島《ごごしま》など、女性が若者と一緒に、あるいは女性だけの団体で巡礼に出ることを習俗としていた。松山市の鷹子町《たかのこまち》では、女性が一九歳の厄年を迎えるまでに厄ぬぎのための巡礼に出ることが、嫁入りの条件であった。同市の平田町では、女性が青年たちとともに巡礼に出るときには老婆が付いていったといわれる。

四国の対岸にある岡山県の笠岡でも類似した巡礼が見られた。旅に出るのは女性で、一七から一八歳になる娘を持つ親は巡礼の準備をし始める。そして旧暦三月の適当な日に、少ないときには一五人ほど、多いときには三〇人くらいの女性たちが先達に率いられ、四国へと出帆したといわれている。これら、未婚の女性たちによる巡礼は「娘遍路」と称される。

徳島県の板野町婦人会は、かつての娘遍路の様子を『四国遍路と私たちの町』(一九七九年)で次のように記録している。

大正昭和の初めのころです。旧暦三月の節句の翌日、通称しかのあく日に、近所のおばさんをお先達として、村の娘たちが連れだって十七ヶ所参りに出かけました。当時は旅行にでたり男女の交際などの機会はほとんどありませんでしたので、若い農村の男女にとってこの十七ヶ所参りは年に一度の解放の時でありました。女性は水色の手拭いに白の手甲脚絆《きゃはん》をつけ、かすりの着物に赤い帯、お札ばさみを胸にさげ杖を持った姿でとても魅力的でした。二泊三日の行程を胸に描いて心愉しく出かけました。

若者遍路に比べると娘遍路は比較的早くに姿を消したといわれるが、それがいつなのかは不明である。若者遍路も今では見られることがなくなった。存続していた時期はそれぞれの村によって異なるが、松山市市坪では大正九年（一九二〇）頃に途絶し、比較的遅くまで続いたほかの村でも昭和一〇年代（一九三五～四〇年代前半）には姿を消した。

本章では江戸時代に現在のような四国遍路が姿を現していく過程を追った。宗教者の修行の地だった「辺路」が、八八の寺院を持つようになり、弘法大師信仰と結びついて「遍路」となったのである。宗教者の巡礼は江戸時代において一般大衆の旅へと拡大し、四国内外の各村落に四国遍路に関する様々な習俗が作られていった。ただし江戸時代の旅は決して自由なものではなく、為政者による統制の対象でもあった。幕藩体制が終了し近代という時代に四国遍路はいったいどのような形を取ることになるのか、次章で述べたい。

第三章　近代の巡礼者たち

I　ガイドブックと交通機関

江戸の世が終わり、日本が近代に突入すると、四国遍路を描いた資料は格段に増える。遍路の道や、巡礼者を札所へと導く道標なども整えられていく。

現在確認できる最古の道標は、中務茂兵衛《なかつかさもへえ》（一八四五〜一九二二）が設置したものである。彼は、江戸時代末期から大正期にかけて、二八〇回徒歩で巡礼を行ったとされている。山口県の出身で、もとは中司亀吉といった。二二歳のとき結婚に反対されたのをきっかけにぐれてしまい、勘当され、四国遍路に出ることになった。明治一〇年（一八七七）には七六番、香川県善通寺市にある金倉寺《こんぞうじ》の住職より読経や真言の教えを受け、一六年に『四国霊場略縁起　道中記大成』という巡礼案内記も出版。この年に中務茂兵衛と新氏名を名乗り、最後の巡礼は齢七八、大正一一年（一九二二）のときであった。その彼が初めて一〇基の道標を建立したのは、八八度目の巡礼を終えた明治一九年（一八八六）のことである。

この中務茂兵衛、明治四〇年（一九〇七）の『大阪毎日新聞』に「希代の遍路」として次のように紹介されている。

> 茲《ここ》に一人現に四国を廻つて居る男で、山口県周防国大島郡椋の村中務茂兵衛義教といふのは生れてから今年の春迄に恰度二百二十一度廻国した、此男が廻国遍路の目的は必しも霊場参拝の為ではない、四国中の篤志者を説て遍路道の至る処、四つ辻の迷ひ易い点に道しるべの石標を建立するにあるのであると、勿論其為に此男は年が年中四国路を去ず、全く遍路中の篤志者として生活して、各寺院でも概ねそれを好遇して居るから、いはゞ一種の商売人であるが其廻国の度数（些《ちつ》とは懸値もあらうけれど）の多い事にかけると、実に八十八ヶ所開山以来の男で、此意味から稀代の遍路として世に紹介するに足る事と思ふ、（『大阪毎日新聞』五月一七日付）

中務茂兵衛

記事には、四国遍路が始まって以来、最多回数巡礼をしている巡礼者であり、その年の春までにちょうど二二一度廻国したとある。中務は二八〇回四国を廻ったといわれることから、新聞に紹介されたのはまだまだその途上にあるときであった。

四国遍路に身を捧《ささ》げ、二度と故郷に帰らなかった彼は大正三年(一九一四)に次のような句を詠んでいる。

生まれきて残るものとて石ばかり
わが身は消えて昔なりけり

中務茂兵衛の案内記

この中務茂兵衛が明治一六年(一八八三)に出版した『四国霊場略縁起　道中記大成』は、基本的には真念の『道指南』の記述スタイルを踏襲したものであった。そこには、用意すべきもの、寺院での巡拝の仕方、八八の寺院の名前、本尊、御詠歌、次の寺院への道案内が記されている。

ただし、『道指南』には掲載されていなかったものもある。その一つが「道中心得の事」という項目である。「巡拝修行の人ハ菩薩の為の道中なれバ大師に身を打任せ、仏菩薩と心を同《おなじ》ふして、慈悲柔和にして、己を責《せめ》他を助《たすけ》るを第一と心がけ」という文章から始まる。ここでは病人や年長者を助けることが「みな大師の御垂鑑《いましめ》」であるため決しておろそかにしてはならないと説かれている。空海とのつながりを強く意識しているといえるだろう。「心得の事」にはこのほか、投宿したときは疲れていても読経すること、早寝早起きして神仏を拝むことといった信仰に関わるものから、夜眠るときに帯を解かないこと、道連れと床を同じくして路銀を取られることのないようにすること、近道の案内についていって追いはぎに遭わないよう気をつけることなど、旅全般の注意事項、足にマメができたり脚気になったりしたときの民間療法までが記されている。

『道指南』に比べれば弘法大師信仰を意識した内容の『道中記大成』ではある。ただし、現代の方がむしろそうした意識が強い。というのも、現在の四国遍路では、たとえば金剛杖は弘法大師の身代わりであり、投宿時には何よりもまず洗い清めるよう説かれている。しかし『道中記大成』には、金剛杖は「軽くねまき木にて拵へ、宿に付けバ直にすゝき清めて床に立置べし」とはあるものの、弘法大師信仰と結びつけることはないのである。

移動手段についても徒歩が基本ではあるが、『道指南』と同じく船を使うことができる区間を紹介している。さらに、歩道が複数ある場合は、近道も紹介している。すなわち、この時代に至るまで、四国遍路は弘法大師への信仰と結びつけられていたが、それは善行によって功徳を積むという側面においてであり、空海の修行の追体験や身体的苦行との関連性は認められないことは強調しておきたい。

ちなみに、持ち物についても札はさみ板とその書き方は『道指南』と同じだが、箸茶碗、尻敷き、肌着、襦袢、手拭いなどが加えられている。昔は追俵を背負っていたが、ここでは木で作った小さな箱に荷物を入れて背負うように勧められている。

近代的な案内記

中務の『道中記大成』は明治時代に入って著された。この頃の日本は近代化と西洋化に突き進んでいたが、『道中記大成』はそうした時代性を示すことなく、むしろ真念による『道指南』との連続性が認められる。

四国遍路の案内記が近代化するのは一九〇〇年代に入ってからである。大正一二年（一九二三）出版の『四国霊場案内』は、管見では、徒歩以外の手段を紹介した案内記の中で一番古い。筆者の門屋常五郎は愛媛県松山市出身で、自費出版していることや背広を着用した写真から、富裕な階層に属することをうかがわせる。

この霊場案内が中務以前のものと異なるのは、本尊や御詠歌が省略され、寺院間の道筋がかなり詳細に記載されていることである。たとえば、徳島県板野町、三番金泉寺《こんせんじ》から四番大《だい》日寺《にちじ》に至る道を見てみよう。

途中から始めた人は二番一番と逆に行くが便利であるから荷物は此の宿に預け置くが良

い、四番へ一里半、仁王門前を真すぐに右へ県道に出で、（中略）谷端の小道を行き法《のり》の橋を渡り二丁行く突当りの車屋勝太郎が指定宿である、茲より七丁で四番へ着くが、五番へは打戻りであるから荷物は宿へ預け置くが便利である

このように道筋とともに、どこに荷物を預け、誰が経営する宿があるのかについて記されている。徳島県最後の札所である二三番薬王寺への途中にある宿では、三月はじめから六月末まで巡礼者に対して宿代の二割引があることなども書かれている。こうした交通情報や宿情報は出立前の旅人にとって大変重要であり、それが的確に提供されていることはこの時期の日本における国内観光の近代化と関係しているといえるだろう。

明治から大正に移る一九一二年に、日本を訪れる外国人旅行客への情報提供組織としてジャパン・ツーリスト・ビューローが設立されたのを皮切りに、各種の旅行団体が出現、さらに旅行雑誌も刊行し始める。『四国霊場案内』の記述様式はこうした近代旅行雑誌が提供する旅情報に影響を受けている。近代化は四国にもやって来ていたのである。

『四国霊場案内』にも「四国巡拝の道筋は、昔は随分峻坂《さか》や嶮しい路が到る処に多かつたが、現今では交通も開けて汽車、汽船、人車、馬車、自動車などに乗ることも出来、道路も良くなつた」と書かれている。

交通機関の利用

実際、海に囲まれていた四国では、一八七〇年代以降、本州や九州からのほか四国内の移動のための民間汽船会社が登場するが、それは近代港湾の建設によって可能になったものである。また、明治二〇年（一八八七）、愛媛県に伊予鉄道会社が誕生し、その後も次々と鉄道会社が開業していった。さらに船や鉄道のみならず、道路法も大正八年（一九一九）に制定され、四国各県でも国道や府県道が整備され、乗合自動車も路線を拡張していった。

その一方で、先に引用した文章に続いて、門屋は次のように主張する。

しかし四国霊場の巡拝は多く徒歩《かち》で廻る習慣《ならわし》であるのと、三百里余の長旅であるから旅装は成可軽快《てがる》い方法を撰ぶことが肝要である、其処で、四国遍路の装束は古来一流の風体がある、

このように門屋は四国遍路の慣習として、徒歩巡礼を強く意識している。また、同書では「歩く」ではなく「行く」という言葉を用いている。他方で彼は乗合馬車（三八番金剛福寺から三九番延光寺までの一部）、汽船（四〇番観自在寺《かんじざいじ》から四一番龍光寺《りゅうこうじ》まで）が使用可能なことも記している。このほか三六番青龍寺から三七番岩本寺までの道中について、

次ぎへ十四里余、福島まで打戻り福島より中ノ内まで巡航船の便あれば旧道の八坂八浜を行かず船便に依るが楽である、

と、いったん道を引き返した上で巡航船を利用することを勧めている。岩本寺から三八番金剛福寺までも括弧書きで「こゝより汽船の便あり」と記している。

門屋は徒歩での巡礼に価値を見出しているが、必ずしも公共交通機関を排除しているわけではなかった。そもそも当時の四国には、巡礼者が使うのに都合の良い公共交通機関が少なかった事実も見逃せない。また興味深いことに、門屋は徒歩で巡礼することを慣習としながらも、その苦行性を重視していない。というのも、四〇番から四一番札所への移動において汽船を使うことで「汽船《ふね》で行けば難所を越えずして楽に宇和島に上陸が出来る」と書き付けているからである。

さらに彼は、新旧のルートについても拘泥しておらず、古来の巡礼路を使うべきであるとは言わない。たとえば一二番焼山寺から一三番大日寺へ向かう道では「夫れより左へ行くと旧遍路道で少々近いが、道が悪い、右へ取ると迂《まわ》りではあるけれど坦々たる新道で大変楽である」と書いている。他方三八番金剛福寺から市ノ瀬という集落へいったん引き返すルートについては、

下加江より左へ新道を通るが便利といふが、実測の結果少しも近道とならず、道々人家は乏しく特に六十丁余りは全く人家なく、淋しい山路を行くよりも、大師御修行中に踏み分け給ふた旧遍路道を通る方が大変楽で、しかも賑やかで里程も少しは近いやうで

ある

と記している。ここで見られるのは、徒歩を本義としながらも、宗教的意味や歴史的意義から旧遍路道を重視するのではなく、実際に遍路道の距離を測量し、楽な方、賑やかな方を選択していく姿勢である。

近代の巡礼地図

案内記だけではなく、地図についても紹介してみたい。江戸時代のものとして、すでに『四国偏礼絵図』（一八〇七年）について触れた。ここでは、こうした絵図と少し趣を異にする地図を取り上げる。私が所有するのは、一〇番切幡寺《きりはたじ》（徳島県阿波市）の近くで営業する仏壇仏具店の浅野総本店が、昭和元年（一九二六）に出版した『四国遍路道中図』である。なお、浅野総本店は今も営業を続けている。

地図を開くと、下部中央には四国遍路の説明文が置かれている。「夫れ四国八十八ヶの霊刹は大悲胎蔵四重の円檀に」という文言から始まる文章は、ここまで見てきたように四国遍路の密教的意義を説く。そしてまた、「一度巡拝の輩は病苦を去り万の難を除け未来成仏疑ひなし」と巡礼を実践することの宗教的意義を説くとともに、「亦辺路に道を教へ一夜の宿をかし一粒一銭を施す者は寿命長久にして諸願成就すべし」と巡礼者への施しや歓待の意義

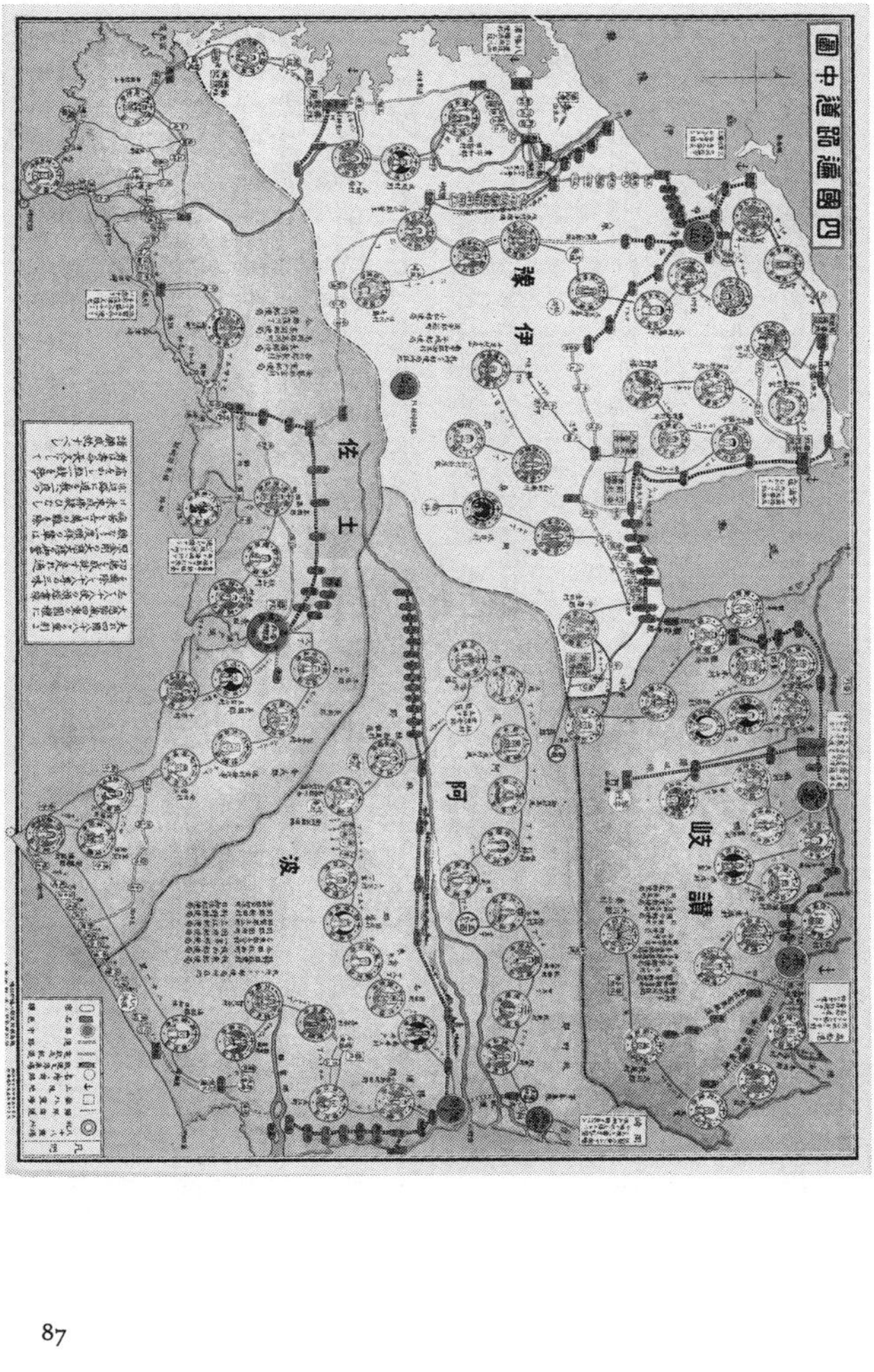
四國遍路道中圖
伊豫
土佐
阿波
讃岐

をも記している。

ところが、地図全体を見ると、北が上、南が下になっており、かつ海岸線の描写が比較的正確かつ詳細であることに気づく。札所の方角や距離といった位置情報もかなり正確である。これらは明治四年（一八七一）に工部省測量司が設置され、三角測量による西洋的地図作成法が日本国土をくまなく測量していったことに関係している。空間を測定していく近代の特性が、四国遍路の巡礼地図にも色濃く反映されているのだ。

近代化の影響は、地図の凡例にも見ることができる。それが鉄道及停車場、電鉄及軌道、道路という凡例である。四国では、愛媛県の伊予鉄道会社（一八八七年）、道後鉄道会社（一八九三年）、香川県の東讃《とうさん》電気軌道株式会社（一九一一年）、高松電気軌道株式会社（一九一二年）などが、四国各県の先頭となって私鉄電車を開設した。これらの軌道が巡礼地図で示されたのである。

近代的な交通網整備は、巡礼地図にさらに大きな影響を与えていく。地図には「巡拝指道」と記された巡礼路と道路が別のものとして描かれるようになる。近世的な遍路絵図には札所間の巡礼路沿いの村が記載されていたが、これらの地図には道路沿いの村名も記されているのだ。つまり、徒歩ではなく、乗合自動車や鉄道を利用しての巡礼者の存在を前提にしたものといえるのである。

II　新聞記者と外国人

旅に出た人々

近代以降、具体的にどのような人たちが四国を旅したのだろうか。ここでは社会活動家、新聞記者、外国人が残した記録を取り上げ、彼らがどのような動機でどのような巡礼を経験したのか紹介していきたい。ただし、ここで検討するのは巡礼の日記や記録であることから、一定の識字能力や社会的地位を持つ人たちに限ることに留意したい。また、第六章で紹介するように、一九九〇年代になると巡礼日記の出版が爆発的に増加し、すべてに目を配ることは不可能である。そこでとくに第二次世界大戦前までの巡礼者たちに焦点を当てたい。

まずは小林正盛である。彼は後に真言宗豊山《ぶざん》派総本山長谷寺第六六世化主《けしゅ》になる人物。彼が昭和七年（一九三二）に出版した『四国順礼』（中央仏教社）は、五〇番繁多寺（愛媛県松山市）住職の丹生屋東岳《にゅうやとうがく》氏と明治四一年（一九〇八）に行った七五日間の巡礼の記録である。巡礼は五月二二日、丹生屋氏の繁多寺から始まり、札所の順番とは逆廻り、逆打ちで全寺院を巡るもの。

二人は巡礼の最初に一〇の掟《おきて》を交わしている。①旅は道連れ世は情けと知る事、②朝夕三宝崇敬を怠らない事、③飲み過ぎ食べ過ぎをせず衛生に気をつける事、④騒々しくしない事、⑤滑稽なことに同調しない事、⑥仏法を強要しない事、⑦十方法界の供養に応じる事、⑧名勝旧跡を見逃さないようにする事、⑨路銀の無駄遣いをしない事、⑩できるだけ均等な距離を移動する事、がそれである。名所旧跡を見逃さないようにすることなど、とくに厳格な巡礼旅とは思えない。

二人はねずみ色の着物に、茶色の褊衫《へんさん》（法服の一つ）を肩に掛け、天台笠、檜木笠、草鞋、脚絆を身につける。手には錫杖、背には納経簿や日記を負っていた。白衣や笈摺は身にまとっていない。

全行程の旅費総計は二人分で四二円八三銭、一日の平均は二六銭であった。当時の二六銭といえば、現代の価値に換算すると三〇〇〇円程度であろうか。「実に小額の金で、四国遍路の出来たのは勿体なくもありがたき極みである」とある。

小林は一日平均二六銭のおおまかな内訳を次のように記している。納経料が二銭、宿賃と米代がそれぞれ平均一〇銭、そして雑費が四銭であり、この中に船賃や郵税なども含まれる。第五章で紹介するように、近代的な巡礼では当初は汽船が徒歩に変わる移動手段であった。小林は巡礼中に汽船などの船舶や、列車を使っており、長距離の移動は船舶に依っており、小林も積極的に船を使用している。また野宿ではなく宿は木賃宿を中心としており、最初の木賃宿の料金は一人一五銭、そのほか五厘の草鞋代、つまりチップを払っている。最初の木賃宿に投宿した小林は、「教へられたる式の如く」錫杖を洗い、床にそれを安置して遍照金剛を唱え、読経を済ませて床についた。木賃宿に宿泊することで「漸く遍路の本物となりかゝれり」と記している。

後に化主にまでなる僧侶の小林であっても、四国遍路は勝手が違った。旅立ちからおよそ二週間が経った六月二日、高知県で三八番金剛福寺を参拝した後、漁村の善根宿で巡礼経験のある老婆と話をし、夜に剃髪している。どのような会話があったのか明らかではないが、翌三日の日記に、現代語訳すると次のような内容の文章を書き付けている。

はっきりと白状すると、これまではなるべく巡礼者扱いされないようにしてきたのだが、昨晩は巡礼者扱いされても違和感を覚えることがなく、これまでの旅を思い出すにつれ浄土にいるかのような心境になった。

ようやく遍路になじんだということだろうか。それからの旅で、小林は四国遍路の意味を感じ取っていく。旅路で弘法大師の修行の意味を次のように見出す。

力がみなぎるこの天地で弘法大師は瞑想にふけって「山霊水神宇宙」の気と一致した。そこで偉大な人格ができあがったのだなと思い、精神を集中し煩悩を離れる「修禅観法」をすることで、「自己の心病を癒さなければ、修養だの読書だのは何の功もないと思った。」（中略）しかし人間は浅ましいもので良いと思うことも執着しつづけるとその良いものは腐ってしまう。

別の場所では、四国遍路は五年の座禅にまさると感じ取り、それが積極的宗教心をはぐくむと考える。積極的宗教心とは自己の欲望に打ち勝とうとする信仰心であり、自己の欲望を満たそうとするために祈禱する信仰心である消極的信仰心と対極にある。小林は前者を仏教的なもので実践的なもの、後者をキリスト教的なもので思想的なものとし、前者を損なうことなく積極的であることに仏教の革新の可能性を見出だす。しかしこれを実行するためには教団や宗派の力に依っているようでは「決して真宗教の生命を発揮し得るものにあらず」という。ではどうするか。彼は「革新は復古なりとの言に鑑み、自ら宗教家として内部生命の革新を期し、以て行動を自由にし、独立超然、根本的信仰の鼓吹を勉《つと》めんとする」。こうして古くから存在する四国遍路に革新的意義を見出だすのだった。

小林と丹生屋は、巡礼の出立前に「霊場連合会」なる組織の設立趣意書を作成していた。当時、札所寺院全部の連合組織は存在せず、これを結成することが二人の宿願であった。巡礼中に住職たちと会設立について語り合い、多くの賛同を得たという。丹生屋は小林の『四国順礼』の跋辞で次のように四国遍路の重要性を説いている。

信仰の形骸は残るも四国八十八ヶ所の如き、活きた信仰の残つて居る地は他に其の比を見ずと云われし如く、四国遍路は、弘法大師の信仰に絶対礼讃であり、自己反省である。（中略）我が大師の流を汲む宗徒は、少くも其の生涯に於て、一度は是非共大師苦修練行の聖地たる、四国八十八ヶ所の遍路を行ふべきである。

小林は当時、三〇代前半。二人が設立に奔走した霊場連合会は、第五章で紹介する、東京宝仙寺住職の富田教純が昭和元年（一九二六）に記した巡礼日記でも言及されている。幹事は丹生屋東岳、会の名前は「四国霊場会」。なお、富田は巡礼を開始するとき、ちょうど松山市を訪れていた小林正盛と出会っている。小林は自分の師匠の菩提をとむらうために作成した納札を富田に託した。

記者の巡礼記・一　大阪毎日新聞

新聞記者もまた自らの巡礼の経験を記事にした。その最初期のものが、小林正盛が四国遍路に出たのと同じ明治四一年（一九〇八）、大阪毎日新聞が企画した四国遍路競争である。後に記すように同社はこの三年前に西国三十三ヶ所巡礼競争を催行していた。西国では、二人の記者のどちらが三三の寺院を先に廻り終えるのか読者に予想させている。四国では香川県を出発した二人の記者が、右廻りと左廻りに分かれ、四国のどこでいつ再会するかを読者に予想させたのだった。

山下雨下（左）と城戸碧仙

記者の名前はベテラン記者の山下雨花《うか》と新進気鋭の城戸碧仙《へきせん》。ちなみに、城戸は大正天皇崩御のとき、毎日新聞が次の元号を「光文」とする誤報を出した光文事件で責任を取り、編輯主幹を辞任している。背広のようなものを着て、帽子をかぶるという出で立ちで、大阪から高知県に移動した二人は、四月一九日午前八時に山下は三二番禅師峰寺（南国市）より東廻り、城戸は三三番雪蹊寺（高知市）より西廻りで出発した。二人の様子を伝える最初の記事は、その三日後の二二日に掲載された。両方の記事とも二〇日に打った電報であった。

読者の投票数は四月二一日までに三六五九枚にのぼり、相当数の読者が関心を持っていたことがうかがえる。また、この時点で読者が予想した日数の最長は四七日六時間で、最短は一〇日三時間であった。実際に二人が再会したのは、五月一〇日午前九時。両者が別れてから二十一日一時間後、愛媛県今治市にある五九番国分寺《こくぶんじ》でのことだった。

彼らが旅に出るのに参考にしたのは、真念の『道指南』だった。ただし彼らが目指したの

は旧来の巡礼ではなく、できるだけ多くの交通機関を利用するものだった。記事には、

遍路の精神に負いて面白くないとの非難もありましやうが何をいつても三百五十里に余る長の旅路殊に難所の数多きを以て知られた遍路のことでありますから時日の余りに長びくのを恐れて此を許したものであります。（四月一七日付）

とある。ただし、当時の四国は交通機関があまり発達していないので「遍路の道中は当世ハイカラ的の旅行に適しないのは勿論」（同）ともある。

では彼らがどのような旅を経験したのか。新聞記事を追っていこう。高知県からそれぞれ反対の方向へ旅立った二人は汽船や人力車を利用している。なお、当時の高知県では道路の傾斜や状態などに応じて、車賃が甲乙丙の三段階に分かれていた。

第五章で紹介するように、明治末頃の四国ではそれほど電車や鉄道が発達しておらず巡礼には不向きの交通機関だった。それゆえ長距離の移動を助けたのが汽船だった。ベテラン記者の山下は、新道開通してなお八キロ程度残る、高知県安芸郡東洋町の難所「ゴロ〳〵石」を通行することが「今回の旅行中第一心痛の種」（五月二日付）だと書いている。実際には汽船を利用することで通行せずにすんだようだが、これは巡礼の旅の辛苦を避けたことを意味する。ただし汽船も、天候に左右されたり、出航時間が深夜の場合もあったりするので、必ずしも便利なばかりの交通機関ではなかった。

山下はまた、室戸岬の二四番最御崎寺を参拝後、八坂八浜を避けて徳島の二三番薬王寺に向かうため、高知県の甲浦から、定期船に乗船している。しかし、天候不順で船が大きく揺れたため「一隅に重なり合つて臥した遍路道者の一群は、見る〳〵血反吐を吐きながら珠数《ママ》取出して一生懸命南無大師遍照金剛と高らかに唱」（五月四日付）えている様子を描く。薬王寺にほど近い日和佐に着くが、波が高いために艀船が近づけず、乗客たちは汽船の甲板から投げかけられた縄をつたって艀《はしけ》に乗船することになった。山下は自分の番を次のように描写する。

　矢庭に荷物を腰に結び下げ、蝙蝠《こうもり》傘を斜めに背負ひ、慄《ふる》ふ足元踏み締め〳〵、件の縄に摑まつて、一気に艀《はしけ》船迄飛び移らんとしたる、時しもあれ、急に寄せたる浪の為に、吾が一身を託したこの生命の綱の太縄、プツツと中央から切断され、吾輩の身体は下半身を水に浸し、モンドリ打て艀船の中へ投げ込れた。当時当人の自分は殆んど生命拾ひの無我夢中に他から見る程驚きはせなかつたが、甲板上では大騒動、（五月五日付）

読者たちもこれを読んではらはらどきどきしたのだろうか。

当時の日本ではまだ旅行は珍しい余暇活動だった。日本人向けの国内観光が登場するのは一九二〇年代である。人々は新聞で伝えられる各地の見聞録で、まるで自分たちが旅しているような気分になったのだろう。新聞社の方も、この企画を始めるにあたって、人文地文に関する旅中の見聞は固《もと》よりのこと、或は深山幽谷の境、或は絶海辺境の地にある霊場及び此に伴ふ因縁奇談を始め遍路道者間の風習等に及ぶまで巨細に此を通信する筈とありますから紙上に掲載の日には定めて趣味饒《おお》き読物として江湖の喝采を博することゝ思ひます。（四月一五日付）

と読者の地理的、民俗的好奇心を満たそうと考えていたことが分かる。

記者は札所以外にも、室戸岬で「吾国第一の灯台」（五月三日付）と賞賛する室戸岬灯台から太平洋の水平線の美観を愛で、二一番太龍寺《たいりゅうじ》の麓にあり、弘法大師が悪竜を封じ込めたという大鍾乳洞「龍の巖窟」を探検する。

遍路の陰の部分も

もちろん、良い見聞だけが報じられたわけではない。山下は、香川県の八五番八栗寺《やくりじ》に向かう峠では人相の悪い男に声をかけられている。この男は「四国道中で一番賭事の流行《はず》む処」（五月一四日付）で警察が来ないか見張りをしていた。ギャンブルに興じていたのは二〇人余りで、そのうち一五人ほどは巡礼者であった。この巡礼者は相応の金を持っており、中には多額を賭ける者もいたが負け続ける。記者は「これを四国路の遍路泣せといふ、山道の遠くして人里離れた場所にはところ〴〵此種のペテン師が控へて居て、欲の深い遍路の旅費を捲上げんとして居る」と書く。

また、山下は香川県木田郡の潟元村《かたもと》（現、高松市）のお接待についても面白い記述を残している。八四番屋島寺近くのこの村には誰も所有することのできない田地があり、そこで収穫されたものがお接待に回される。そして昔から善根宿を提供する家がほとんどであり、中には個人で一戸の接待館を立てて巡礼者を宿泊させる人物もいたという。夕方になると「心の良さゝうな二三十人の老若男女がズラリと路傍に立並び、品の佳さゝうな遍路と見ると、お宿を摂待しませうと呼かけ、三人連、五人連の一組を銘々が引連れ」（五月一六日付）るのだが、病人や一人旅で人相の悪い人は決して引き留めず、旅人の側から宿の願いがあってもいろいろな口実を設けては断るのだとある。こんなことを記事にして大丈夫なのかと、こちらが心配になるような内容である。

記者の信仰心

もう一人の記者の城戸の記事は、ベテランの山下のものに比べると巡礼記に面白みやドキドキするような描写が乏しい。ただし愛媛県の四二番仏木寺《ぶつもくじ》でのお接待についての記述は興味深い。彼によるとお接待には餅、赤飯、草鞋、現金のほか、人力車の車夫が車に乗せたり理髪店が散髪をしたりすることもあること、果ては接待をすれば酒が腐らないという迷信から造酒家が酒を接待することもある。また仏木寺には例年、豊前、豊後、日向など九州から接待講がやって来ており、彼が訪問する前日まで豊後から来た人たちが餅を接待していたと記している。

山下の信仰のほどは不明だが、もう八八の約半分の札所を巡礼したのだからすべて廻ったらもっと信仰心が増すだろうと言われた城戸は、

若《も》し八十八所を皆な打つて、信仰心が此上に昂じて、更に改めて遍路に出ねばならないやうなことでもあつたらそれこそ事だ、信仰心が昂ぜずに済むのは、洵《まこと》に結構である。

（五月一七日付）

と、自らの巡礼は信仰心からのものではないと明言している。信仰心と切り離された連載は読者にとって「趣味饒き読物」だったのだろうか。当時の都市部では見聞きすることのできなかった、そして今となってはやはり見ることのできない情報が新聞によって伝えられた。

記者の巡礼記・二　高群逸枝

大正七年（一九一八）六月四日、二四歳の女性が熊本県熊本市から半年の巡礼の旅に出た。その後、平塚らいてうとともに女性運動を始め、『母系制の研究』や『招婿婚の研究』などを著すことで、女性史の開拓者として知られる高群逸枝《たかむれいつえ》である。二四歳のとき、九州日日新

聞社への入社に失敗し、食べるものにも事欠く窮乏の中、九州日日新聞社会部から原稿料一〇円（現在の約五万円に相当）を与えられ、四国遍路に旅立った。巡礼記の執筆を託されたのである。

高群逸枝

熊本から徒歩で大分へと向かい、七月一四日、豊予海峡を渡って愛媛県の八幡浜へ向かうべく汽船宇和島丸に乗り込む。翌朝、「四国来る——四国来る——眼前に聳立するこれ四国の山にあらずや」と、ようやく四国に到着した感慨を記し、四三番明石寺《めいせきじ》より逆打ちを始める。その理由を『お遍路』で次のように記している。

　逆打ちは順打ちに比べて、同じ道ながら難路だという。この方が、上り坂が多いわけであろう。
　それをきくとおじいさんは、早速逆打ちときめてしまった。私達は四十三番の札所明石寺に向った。

逆打ちを選んだのはそれがより険しい道のりだからであり、高群本人が選んだのではなかった。「おじいさん」については後述する。

高知県、徳島県、香川県とほとんどの行程を徒歩で旅し、同年一〇月一八日に四四番大宝寺で本願成就を迎える。約三ヶ月かかっており、そこから熊本に帰着するのは一一月二〇日である。つまり、熊本を発って帰ってくるまで、約半年の巡礼だった。

旅の途上で彼女が書き記した原稿は『九州日日新聞』で「娘巡礼記」なるタイトルで一〇五回連載され、大変な評判となった。『娘巡礼記』は昭和五四年（一九七九）に、朝日新聞社から出版されており、解説を施した堀場清子氏によれば、新聞連載当時の「娘巡礼記」は、熊本県下にとどまらず近隣県で知られるものとなった。

その解説によれば、旅立ち当時の高群の困窮は、婚約者を追って教職をなげうって熊本市に出てきたにもかかわらず、別の男性を巻き込んでの三角関係となったことに由来する。三角関係、困窮などに追い詰められた高群の脱出が、この巡礼だった。

運命を受け入れる

高群は当初、観音信仰によって成り立っている西国三十三ヶ所巡礼を考えていたらしい。それは、彼女の生い立ちが観音説話と結びつけられてきたからである。逸枝の三人の兄が夭折していたことから、両親が観音に女児出生の願をかけたところ、観音の縁日である一八日に彼女が誕生した。母はこの子が丈夫に育ったら一人で巡礼をさせることを約束したのだった。結局、旅の目的地を四国遍路に変更しているが、観音への信仰に裏打ちされたエピソードも残している。旅の初め、大分県の大野郡大野町で伊藤宮次《みやじ》という老人に呼び止められ、そこに宿泊する。すると老人の夢枕に観音が立ったことから、「お前は、観音様をお供しているのだな」と言われ、この老人が四国遍路のお供をすることになった。老人は、「俺は金はもたん、そいで修業していくのじゃ。アンタもそのつもりで辛抱なされ」と勝手に決めてしまう。

興味深いのは高群の対応である。この老人の勝手な取り決めに対して、「――運命よ、とにかく来れ。私は心安らかにその掌中にねむって行こう」と受け入れる。何事にもとらわれず、あるがままを生きる。彼女は、

そうだ、本然の我に帰れ。而《しか》してわが一念の存するところに熱禱《ねっとう》を捧げよ。虚栄あるな、虚偽あるな。（中略）私は私の真心から、（中略）吾々の最高理想が奈辺にあるべきかを話してみたい。

と書き付ける。彼女の理想とする最高人格の一つが、本然の生地に帰ることであり、宗教とはこの人心の最高理想に到達する道である。

それゆえ、「娘巡礼記」にはあらゆる運命を受け入れる彼女の姿が描き出されている。

たとえば、路銀をほとんど持たない彼女たちが夜露をしのいだのは木賃宿《きちんやど》と呼ばれる安宿。

江戸後期以降、木賃宿は高級な宿である旅籠に代わって巡礼者によって利用されるようになった。彼女が描き出す大正時代当時の木賃宿の様子を見てみよう。場所は高知県幡多郡平田村で三九番延光寺の近く。

同宿十九名総て遍路ばかりである。部屋は□畳二間と四畳半二間との□通しで混雑といったらない。これが木賃宿の光景かと思って私は奇らしく見廻した。

中には、彼女を辟易させる衛生環境の遍路宿もあった。たとえば高知県の「如何にも虱《しらみ》が湧いていそうな不快な宿」では、「便所のすぐ前で汚い壺が露わに」見えており、「どうにも忍ばれない」桶の中の湯は「まるで洗い落とされた垢の濁りで真っ黒」。また、香川県の木賃宿の様子は、

低い天井だのノロノロと燃えるカンテラだの濛々と立ち騰《のぼ》る湯気だのその中に物を食《は》んでいる惨《いた》ましい老人の影だの、まるでロシヤの小説にでもありそうな沈鬱な陰惨な光景である。

と描き出される。

それでも布団で寝られるだけましなもの。警察の取り締まりが厳しくなり善根でも巡礼者を宿泊させると拘留や科料されるため「一種の臭気が強烈に鼻をつく」馬小屋に案内されると、

粗い板敷の上に荒莚をひろげたのが畳の代用でちょっと坐っても足が痛くて耐えがたい。それだけならまだしもだが一方の隅っこには新藁古藁がまるでゴッチャにしたまま積まれてありその他埃だらけの雑具が処狭きまで投げこまれてある。

結局眠れずに夜が明ける。巡礼者の宿泊を断られたり宿が一杯で部屋がなかったりして大師堂前の腰掛けに座って一睡もせずに夜を明かすこともあった。

徒歩での旅は、元気なときは「構わない歩け！　と心が叫ぶ」のにあわせて順調で、あまりの健脚ぶりに「夢かと」「吃驚《びっくり》する」が、疲れのあまり「海がどんなだろうと山がどうだろうと幾《ほと》んど一切がいやになってしまう」こともあった。高知県の小さな汽船は「室内のムサ苦しい事、ほとほと耐まらない」ほどで、「乗客は食み出す位、つまっている」。

道中で出会った人々

そうした旅の中で出会う、社会の底辺に生きる人々が巡礼記では登場し続ける。全国各地からやって来て旅を続ける病人たち、精神的な病気や手足が不自由なため、生活手段がなく野宿をしながら施しをたよりに生をつなぐ人たち。高群は彼らを次のように表現する。

でも総括すると、灰色の敗残者だと見なして好いかと思う。どれもこれも足を痛めていたり口を歪めていたり痩せて骨ばかりになっていたりまるで死の勝利に出ている乞食の群を思わせるようだ。
高知県の安芸で出会った岩陰に休む父娘は、野宿をしながら旅をしていた。愛媛県道後温泉の宿で出会った広島出身で両親を亡くして巡礼する少女は「低能児」で、しかも「身体は異常な発育をなしている」。『娘巡礼記』の解説で堀場氏は、こうした生々しい生態描写や珍しい風物報告が読者の好奇心を刺激したことも、「娘巡礼記」の好評に結びついたと指摘する。
観音への信仰を下敷きにした旅の果てに、高群は次のような結論に達した。

世間には実に色んな人々が住んで居る。そしてその人々は各自に色んな思想界なり道徳界なりを形造っては生きているのだ。気狂いだと見えてもそうでなかったり、白痴かと思えてもその世界では普通な人があったり、とにかく面白い世の中である。

そんな世の中は多数の「物質的な人」と非常に少数の「精神的な人」に分かれる。前者は本能に基づいた「極端な利己主義」であり、物質的な享楽を求める。明治三八年（一九〇五）に日露戦争が終結し、西洋的な近代化から日本的な精神主義の称揚へとシフトしていく二〇世紀初頭。高群はその精神主義を四国遍路に見出していったのだろう。

記者の巡礼記・三　飯島實

山に登り川を渉り時に海を越え、変つた風俗を見、明媚な風光に接し、時にいやちこな霊験を聞き、時に愚にもつかない伝説に興をやりつゝ四国全土四百里近い道を行くこの四国霊場巡りの旅は一般の遊覧旅行者にも奨め得可きものではなからうか？　これ私が格別の信仰心を持つてゐないにも拘らず、否時として無神論を振り翳すほどの乱暴さを持つてゐながらも敢へてこの旅に出た所以である。

元鉄道省職員で雑誌『旅』の記者、飯島實の旅はこのような決意表明で始まる。彼の記事は『旅』に昭和三年（一九二八。五巻四号）から一九年（七巻一号）まで連載され、同年『札所と名所　四国遍路』というタイトルの本として刊行された。

飯島は自らを「無神論論者」とし、この巡礼の目的を「信仰本位の旅行者だけ」のものだった四国遍路を「遊覧本位、観光本位の旅行者のために開拓」することに置いている。したがって、日数を切り詰めるためできるだけ交通機関を利用しているし、逆打ちも、番号順に従わないことも気にしない。ただし札所間の道順は丁寧に記す。また、金比羅、道後温泉、室戸岬、屋島壇ノ浦などの名所もできる限り訪れて記録する。寺にまつわる伝承や歴史も取り上げる。旅の出で立ちは白装束ではなく背広であったことからも、宗教的な巡礼と距離を置こうとする彼の意思を読み取ることができる。

宿泊施設としては遍路宿だけでなく一般の旅館も紹介するが、遍路宿に泊まることは避けていた。何せ長期にわたる旅行。

宿も食膳に相当のカロリーがとれて、寝具にもともかく其の日〳〵の疲労が恢復される様な宿を求めなければならない。（中略）芭蕉の旅まで逆戻りする事はない。虱に苦しめられると言ふ遍路宿は、ならば御免を蒙りたい。

というわけである。

快適と合理性を求めて乗り物を利用する記述はいたる所にある。たとえば、

遍路道の道順とか、廻る順とかに必ずしも拘《こだわ》つてゐない私達は、この道を避けてほかにもつと楽に行ける道を撰《えら》ぶ事にした。即ち、徳島から自動車を利用すれば、朝の七時発の一番で寄井《よりい》まで八里、十時半に着き、そこから寺まで山路二里を徒歩で往復して、午後三時寄井発の自動車で徳島に帰る事が出来る。私達はこの道をとつた。

というものや、

十番から一番までの逆打ちは、途中二三箇所うまく乗合自動車を摑《つかま》へる事が出来さへすれば一日に楽な行程で、なほ都合よく行けば六時半頃には徳島へ入れやうといふ。鴨《かも》島《しま》で一夜を明かした私達は午前七時四十分発の伊沢行の自動車に乗つた。

といった旅の記録が見られる。

読者は教養を持つ中産階級

しかし、快適な旅を求めたのは、決して飯島の独りよがりではない。この連載の読者は、都市部に住む一定水準以上の教養を持つ中産階級の人たちであり、この記事は旅行として四国遍路を楽しもうとする人たちに向けられているのだ。

それゆえ、

お遍路さんの純真な心持を私は愛する事が出来る。しかし、私はあられもない霊験談を随喜の涙を以て聞き、行くも住まるも座るも臥すも「南無大師遍照金剛」を口にし、懺悔文を唱へるお遍路さんそのまゝの旅行を一般人に強ゐてはならない。

とその宗教性もまた否定されている。

弘法大師空海によって四国遍路が開創されたという伝説にも、史実をもとに批判を行う。たとえば四二歳厄年に開創という説に対しては、高野山開創の前年で大事業に忙しい空海が、とても己《おの》れ一身の「厄除」の為四国を廻るやうな暇はなかつたらう。それに私達門外漢から考へてみても五十、六十のはした寺を作るよりも、当時の大師としてはもつと根本的な事業に精進しなくてはならぬ筈だつた。

と記している。

ただし宗教性は否定するものの、近代人の失った習慣や心性には強い関心を示すところが興味深い。たとえば人や物との「縁《えん》」。一日に何百何千人と行き交う近代都市において人や物にいちいち縁を感じることは煩わしいことではある。しかし、「煩はしいには違ひないが、私達がお互をもつと「縁」を以て見る事が出来たら、何とこの世はうるほひのある世の中だらう」とも記す。そして人や物の縁を巡礼者たちの交流に見出しながら「私達近代人に比ぶれば、何とはるかに内容の豊富な、そして美しい心的生活を生活してゐる事か！」とまで言うのである。

ここには、都会で失われゆくものへの強い憧憬があり、それが田舎にはまだ残っているのだという強いロマンティシズムがある。地方や田舎は古いものが残されているというこのロマンティシズムが近代観光を支える。そしてこの中で、縁を取り持つ「仏の手繰《たぐ》る見えない糸」が積極的に語られるのである。

新しい四国遍路

四国遍路に残された古い人情や風景を評価しつつも、あくまで飯島の目は冷静だ。「如何に大師様がお廻りになつたお四国だとは言へ、この世智辛い世の中にこゝのみが理想郷ではあり得ない」というのである。詳細で具体的な記述はないのだが、旅日記の最後のあたりで次のように書いている。

> 納経帳、帷子《かたびら》の類へ威勢よく判こを捺《お》して、宛として御利益の切売《きりう》りをしてゐる僧があつた。橋銭を出した出さぬで、啀《いが》みあつてゐる二人のお遍路を見た事もある。土佐には虐待ではないまでも、冷遇を意味する所謂石布団《いしぶとん》といふのがあると言ふ話も聞いた。

そして最後に飯島は「昔のまゝの寺で昔のまゝのお遍路さん達を送迎してゐる」札所寺院への苦言を呈する。荒唐無稽で「あまりに馬鹿々々しい伝説や、慣習や、御利益授与やの一切を抹殺し撤廃す可き」と言う。それは新しい時代の旅行者の関心に沿わないからだ。

このように飯島の『札所と名所　四国遍路』は旧来の四国遍路を否定している。にもかかわらず、四国遍路の寺院のある住職は、別の雑誌の中で、

> 今鉄道省に居らる丶「旅」の記者が、四国八十八ヶ所を二ヶ年に渉りて実地に巡拝した紀行文を宝文館から発行されたり、（中略）此等数種の書冊は、本四国《ほんしこく》よりも各地の新四国《しんしこく》などで非常に渇仰されて居る様子である。（『遍路』一九三一年）

と紹介している。ここには、飯島の書籍をくさす意図は見られず、真言宗や札所寺院関係者にもこの本がある程度受容されていたと考えられる。

飯島のように徹底して四国遍路の近代旅行化を追求しようという書籍は非常にまれである。しかし、この『札所と名所　四国遍路』以降、信仰や宗教性を強調するにせよしないにせよ、

近代的な巡礼が出版物に現れていく。

外国人の巡礼者・一　お札博士スタール

外国からの巡礼者もいた。

アメリカのフレデリック・スタールは明治三七年（一九〇四）以降、合計一六回も来日し、大正六年（一九一七）に最初の四国遍路を行っている。シカゴ大学などで人類学の教鞭を執っていた彼の別名は「お札博士」。これは彼が古今東西のステッカー収集家だったことに由来する。日本での彼の収集成果のうち、特筆すべきは、大正一三年（一九二四）に五三番円明寺《えんみょうじ》本堂で、当時としては最古の納札を見つけたことだ（現存する最古の納札は、五二番太山寺の寛永一七年〔一六四〇〕の木製納札）。慶安三年（一六五〇）に奉納された銅版製の納札で、阿弥陀仏の厨子に打ち付けられていた。この納札で注目すべきことは、中央部に書かれた「遍路」という言葉である。これまでの資料では「辺路」だった。すでに紹介したように、遍路への変化は、四国が辺路修行の行場から弘法大師への信仰に基づいた霊場となったことを示すと考えられている。スタールが見つけたこの納札は、四国遍路の歴史を知る上でも重要な一枚だったといえよう。

またスタールは、アメリカで日本についての講演も行っている。大正六年（一九一七）一月六日付の『朝日新聞』が、その講演は次のような内容だったと報じている。人種は改良できないので日本は欧米化する必要はなく、欧米化しようとしても欧米にはなれない。ここまでの欧米化のプロセスは時勢の進歩にともなう不可避的なものだったが、もしこれ以上の欧米化を進めるなら「唯滅亡なるのみ」。スタール自身は「古き日本に却て尊き力の存在を認め」、これこそが日本の進むべき道だと主張する。

フレデリック・スタールは、四国遍路の最古の納札を発見したのみならず、日本の生活文化に深い理解を示した、日本人にとって理想的な西洋人であった。日米親善への貢献が認められ、彼は大正一〇年（一九二一）に、勲三等瑞宝章が授けられている。

外国人の巡礼者・二　アルフレート・ボーナー

オーストリアから来日し、愛媛県の旧制松山高等学校でドイツ語の教鞭を執っていたアルフレート・ボーナーの四国旅も紹介しよう。日本文化、神道と仏教が混淆した日本的な宗教に強い関心を持っていた彼は、昭和二年（一九二七）、四国遍路の旅に出る。その経験を基に著したのが『同行二人の遍路』（大法輪閣、二〇一二年）である。

巡礼に出ることを決めたのは、恋愛、人間関係、母の死などにより生じた悩みを巡礼の経験をとおして解決したいと考えたからである。彼は「当時私は確かに精神的虚脱感にあって、病んでいた」と記している。

同書の特徴は、近代の案内書と江戸時代の案内書を比較して理論的考察を加えた上で巡礼を体験し、道中で出合った道標や寺院建築物についても鋭い観察を行っている点である。案内記や体験記が主流だった当時、四国遍路の研究書が出版されたことは画期的であった。

彼は当時の巡礼者の約七割が徒歩で巡礼していることを評価している。第五章に詳述するが、当時はちょうど自動車道や公共交通機関が整備されていく過渡期であり、彼自身は交通機関を利用した。愛媛県と香川県では鉄道の利用が可能であったが、高知県は寺院間の距離があるので自動車を利用する。高知県は当時四県でもっとも鉄道敷設が遅れていたが、自動車専用道路と沿岸部の汽船便は充実していたという。「古いがたがたの馬車から洗練されたアメリカ製のビュイック車まである」などという見聞も記していて、こうした交通機関を上手く利用すれば三週間ほどで全寺院を廻れると書いている。ボーナーはそれを実証すべく、松山市周辺の八寺院を二日間で訪れた。

ボーナーの旅行記には、一日の費用や宿のシステム、そこで供される食事などのほか、善根宿が提供されることは「極めて稀で幸運な巡り合わせでしかない」と記され、春になってノミや虱が大発生したときには「結局、誰も蚤で死んだ人はいないんだ」と別の巡礼者に慰められるエピソードなどが書かれており、四国遍路の実態が臨場感をもって迫ってくる。また、寝具についても細かく記している。何ヶ月にもわたって無数の人が寝ているため固く薄くなったせんべい布団。しかも充分に身体を伸ばすことができないほど短く、敷き布団、掛け布団とも寒さ対策が不完全なため、寒い冬は互いに身体を寄せ合って暖を取る。ノミや虱の問題もあり、もし木賃宿に泊まるほどの勇気がないなら、宿を探すときには巡礼の姿を改め、道具も片付け、人力車に乗って行くべきであり、そうすれば高知県以外なら旅館に泊まれると記している。

先に記したように個人的な悩みを抱え、かつこうした苦労を経た彼は、愛媛県から高知県へと旅する間に、心理的にも身体的にも大きな変化を経験する。仏像が目の前で輝き、遠くから音楽が聞こえ、ピクルスに似たものの味を感じ、膝から血が出ているような感覚を持ち、記憶力が増大した。

私の身体は自ら招いた風邪を除いては健康であり、私の精神は快活である。私の重度の近眼はほとんど治り、苦しんでいた鼻の病気は完全に癒えている。

懊悩と苦境から完全に脱した彼は、最後に学生や友人たちにも巡礼を勧めたい、と結論づけている。その上で、自分が経験したような奇跡を、次の三つを守り抜く人は享受できると言う。その三つとは、欲望を持ってはいけないこと、厚い信仰心を持つこと、努力して最後まで頑張り抜くこと。

日本が近代化に邁進し、四国遍路のありようが変化していく時代に、奇しくも外国人のボーナーが、四国遍路の精神に共感を示したのである。

第四章　貧困、差別、行き倒れ

I　貧困、ヘンド、カッタイ

貧しき巡礼者たち

明治一九年（一八八六）五月一二日付の高知県の『土陽新聞』に次のような記事が掲載されている。

　一昨々日長岡郡五台山村にて四十四五の遍路姿の女が行倒れし死体を十二才ばかりの娘が揺り動して泣いて居しと云ふが委細は聞込の上

母一人娘一人の巡礼は、いったいどのような理由で始まり、どれくらい旅をし、そして娘はこのあとどうなったのだろうか。彼女らの情報は、後日の紙上で紹介されていない。ただ親子があてどなく旅して廻る様子は、たとえば松本清張の『砂の器』でも描かれている。放浪するのは後に殺人を犯すことになる少年とその父親。彼は幼少期、「因業な病気」であるハンセン病を発症した父親に連れられ諸国を乞食に旅に出て、旅先で保護されるものの脱走し、父親は「全身に膿を出し」ながら息子と放浪する。清張はその親子を知る登場人物に「はい、当てというほどではありませんが、ああいう病気によく効く寺をまわりはじめたのです」、それを聴いた刑事に「それでは、全国をまわられたわけですね。つまり、お遍路みたいなことですね?」と語らせる。その子どもが殺人事件を犯すというように、流浪の巡礼は治る見込みのない病気の治癒祈願と結びつけられ、しかも社会の否定的な側面とさらに結びつけられるのである。

前章で説明したように、四国遍路の巡礼者には貧しい人々、村落を追われた人々が多くを占めた。社会学者前田卓氏は、西国三三ヶ所巡礼と比較して、四国遍路ではそれが顕著だったのではないかと指摘している。根拠は、天明年間（一七八一～八九）の飢饉時に、西国三十三ヶ所巡礼の巡礼者数が減少するのに対して、四国遍路では大きな減少が見られない点を挙げている。四国四県の霊場に残された過去帖から一三四五名分の巡礼者を抽出した前田氏は、飢饉で諸国の農村が荒廃した天明四年に一二名もの巡礼者名が記載されていることを発見した。もちろん、巡礼者の中には身分の高い者も少しは混じっていたが、一般には下層農民や女性を含めた人が多数を占め、それは飢饉時の口減らしとして巡礼に出かけたと氏は推測する。

本章ではこのような事情で四国の旅を続けていた巡礼者たちを紹介する。

行き倒れの処遇

旅の途中で病に倒れ、動けなくなる。するとこの旅人の処遇をどうするかという問題は、倒れた場所の地域住民にも及ぶ。

愛媛県の今治市阿方《あがた》に残る江戸時代から明治初期までの庄屋文書には、「病人遍路小屋掛」「病気遍路小屋掛作料」「病気遍路米飯代」といった記事があり、病気で倒れた巡礼者のために小屋を建て、食事を与えていたことを伝えている。他の場所でも同様の処置が見られたようで、高知土佐藩の安芸郡川北村（現、高知県安芸市）でも罹病した巡礼者が出た場合、道ばたに小屋を建て食物を与えていた文書が残っている。

こうして介護した巡礼者が回復すれば問題はない。しかし残念ながら息を引き取った場合、江戸時代には死者の埋葬は村で行う必要があった。墓は巡礼路の脇か集落内の無縁共同墓地などに置かれた。棺桶を作ったり墓を掘ったりする人足の費用も村が負担し、巡礼者が所持品を残している場合にはそれを売り払うことで人足代のほか墓石の費用負担の一部とした。

明治以降の記録を見ても、高知県幡多郡では、病死者が出たときの費用を役所が付近の各村に割り当てる文書が残されてもいる。また、倒れた先の村に迷惑をかけないように、愛媛県東明神村（現、久万高原町）からやって来た「つぢ」という女性の往来一札には、途中で病死したときにはその場所のやり方で取りはからい、国元に知らせなくてもよいという一項が記されていた。

宗教学者の宮崎忍勝氏が調査した二番極楽寺の過去帖には、宝暦一一年（一七六一）から明治二一年（一八八八）まで三六人の巡礼者の法名が記入してあり、現在の秋田県秋田市にあった岩城村からやって来て、極楽寺門前で事切れた老婆、兵庫県の尼崎からやって来て、寺のある村で息を引き取った七歳の女の子、さらには山口県熊毛郡の平生村《ひらお》（現、平生町）からやって来て、続けて他界した母と娘などの記録が残されている。ほかにも、国元を離れて親子で巡礼の旅を続ける途中で母が事切れ、残された子どもを迎えに来るよう国元へ手配をするケースも見られた。ただし、そうした旅人のうち、本当に迎えに来たのかどうか分からない例もある。

村の中で事切れた巡礼者の世話を負担することは、当然ながら村にとって避けたい事態であった。そこで、場合によっては、介抱していた巡礼者がいよいよ治りそうにないとなると、お粥《かゆ》を食べさせて機嫌を取り、後ろから押すようにして無理矢理に隣村まで連れて行ったりもした。村境で巡礼者の行き倒れがあった場合には、こっそり向こう側の村へ押しやったり、それに気づいた向こう側の村が押し返したりすることもあったという。

II　取り締まり

入国規制

このように何かと問題の種になるような貧しい巡礼者を、江戸時代の各藩は歓迎せず、藩への立ち入りを規制した。なかでも伊予松山藩は、万治年間（一六五八～六一）までに四国諸藩の中で最初に巡礼者の規制令を出している。ついで阿波徳島藩と土佐高知藩は寛文三年（一六六三）に規制令を出し、それから二〇〇年ほどの間に、立ち入り規制に関わる約七〇もの通達を出している。

取り締まりの方法の一つに日数の制限がある。土佐高知藩の例を見てみよう。土佐高知藩では藩内にとどまることのできる日数は三〇日以内とし、理由なくこれを超えると追い払った。さらに巡礼者の経路を阿波からは甲浦《かんのうら》口、伊予からは宿毛《すくも》口という具合に限定して、それ以外からの出入りを認めなかった。なかには巡礼ルートから脇道に入り込み、巡礼以外の活動を行う者もいたため、そうした人の動きにも目を光らせたようだ。日数制限も、巡礼者がルートを外れ脇道に入り込むことを防ぐための規則であった。取り締まった人物の中には、呪詛や祈禱を行ったり、丸薬を販売したり、医者と称して治療や灸治をしたりする者がいた。

経路の限定だけでなく、巡礼者は番所で持ち物検査を受け、往来手形のほか、納経帳や充分な路銀を持つ者だけが入国を許され、村で数日滞留するためには庄屋への届け出を義務づけるなど、厳しく規制した。当時は偽物の手形を持つものも多く、また納経帳は巡礼を主たる目的としていることを示すために証拠として提示を求められたのである。路銀のチェックは、喜捨を求めて各戸を尋ねることを目的としていないか確認するためだった。

南国の土佐は他国に比べると冬でも温暖なため、ここに貧しい巡礼者たちがやって来て海岸の洞窟などに住んでいたという説もある。流入が増加することで治安が乱れると考えた土佐高知藩は、他藩に比べて厳しい態度でのぞんだ。

地理学者の稲田道彦によれば、幕末における土佐高知藩の入国規制は納経帳にも現れている。それが安政四年（一八五七）、丹後国（現在の京都府北部）の吉岡無量居士夫妻が残した納経帳にある「土州十七カ所遥拝《ようはい》処」と記したページである。遥拝所とは神仏などを遠くはるかに拝むために設置された場所のこと。つまり、高知県内の一七ヶ寺に行くことなく、遥拝するための場所があり、そこで納経し朱印を受けたことが分かる。

その遥拝所がどこにあったのかは不明だが、朱印の種類、納経の文字の類似性から一つ前のページに納経されている、阿波最後の札所である二三番薬王寺と考えられる。夫妻は、土州一七ヶ所遥拝所のあと、現在の香川県と徳島県境付近にある箸蔵寺《はしくらじ》（徳島県三好市、琴刀比羅宮奥の院）、六六番雲辺寺（同市）、そしてそのまま愛媛県へと入って六五番三角寺《さんかくじ》の奥の院の仙龍寺《せんりゅうじ》（愛媛県四国中央市）を訪れている。どの経路を通ったのかは分からないが、いったん北上して西に進路を取り現在の愛媛県久万高原町にある四四番大宝寺に詣で、その後はほぼ現在の札所順に従って再び東の讃岐に向かって旅を続けたことが分かる。土州一七ヶ所とあるが、高知県には一六ヶ寺しかなく、札所ではないものも遥拝所で納経済みとして扱われたようだ。この高知県の全寺院と、四〇番観自在寺から四三番明石寺までの愛媛県南部の四ヶ寺は参拝していないことになる。

同時期の別の巡礼者も吉岡夫妻と同じように、高知県、愛媛県の二〇ヶ所の納経を遥拝所にて済ませている。これは数年前に起こった安政元年（一八五四）の大地震による混乱を恐れた土佐高知藩と伊予宇和島藩が、巡礼者の入国禁止政策を取ったことが原因。少なくとも明治八年（一八七五）の納経帳でも同様に高知県全寺院と愛媛県の五ヶ寺の納経が省略されている。

第三章で紹介した高群逸枝も三九番延光寺近くの木賃宿で、同宿の巡礼者から、かつて高知県の宿毛市で行乞していたところ警察に捕まり愛媛県境まで追いやられたという話を聞いている。二〇世紀になってもまだ取り締まりは行われていたようだ。

もちろん、高知県だけが取り締まりをしていたわけではない。高群は現在の愛媛県の八幡浜市でいよいよ九州に帰ろうとしていたとき、宿に警察がやって来た様子を記している。警察は高群たちに「コラ、遍路。お前たちは何か。やっぱり遍路姿か」と横柄に尋ね、そうだと応えると、「馬鹿、遍路といったがどうした。貴様腹を立てたんか。いくら身分はあっても遍路じゃ」と侮蔑的な言葉を投げかける。その日、警察によって「遍路狩り」が行われたという。

脇道へそれる巡礼者たち

巡礼者は行乞を目的に脇道へ入り込んだ。土佐高知藩は風紀を乱すと考え目を光らせた。彼らは人里離れた巡礼路を離れ大きな町へやって来て托鉢をすることで日銭を得ていたと考えられている。このような行乞の巡礼者たちを人々はどのように受け入れたのだろうか。白井加寿志氏の興味深い記述をまとめておこう。

門口に立った巡礼者が鈴を鳴らし経を上げる。巡礼者は一日に三軒は行乞しなければならないといわれていることもあり、遍路の多いシーズンになると多くの巡礼者がやって来る。これを断る場合、無視して巡礼者が諦めて去るのを待つ、あるいは「お通り」「お断りでござんす」などと言って拒否する。断りにくい場合は子どもにそれを言わせて追い払った。寺院に泊まるところのない貧しい巡礼者が来た場合、夕方になると堂の縁に水を撒いて泊まれなくすることもあったようだ。

実際、高群と同宿した巡礼者は、

お修行するのに一等楽なのは伊予と讃岐で、土佐と来ては人情が紙のようだ。どこでもいいからただ一晩泊めてくれ寝《やす》ましてくれと頼んでも見向もしない家が多い。修業するなら道ばたじゃ貰いが少ない、

と語る。高群逸枝の記録にも、安宿に宿泊を断られ、徳島県の二〇番鶴林寺の麓にある民家に善根宿の提供を願い出たところ、「この頃警察がやかましくなりまして善根にでもお泊めすると拘留だの科料だのと責められますからお気の毒だが納屋でよろしいか」と、馬を飼育する納屋で一泊する様子が描かれている。大正期にも依然として巡礼者に対する厳しいまなざしが存在したのである。

遍路拒斥すべし

江戸時代に厳しい規制が敷かれた土佐高知藩は、明治時代に入って高知県に変わってからも、県内の巡礼者の一掃が何度か行われている。明治二三年（一八九〇）四月末には二七三人が追い出され、「遍路狩り」と称された。同三四年（一九〇一）二月上旬にも三八一人を

県境より追い出しているが、彼らは数日後に戻ってきたようで、同月下旬には三一人が高知市の柳原にて目撃されていた。

遍路狩りに対して不服を申し立てる巡礼者もいた。『土陽新聞』明治三四年一二月二四日付が紹介するのは、愛知県丹羽郡岩倉町（現、岩倉市）からやって来て、物乞いをしながら巡礼を続ける人物が旅行の自由を主張した話である。記事には次のようにある。

　此奴《こいつ》遍路の僻《くせ》に仲々《なかなか》理屈をこねる奴にて、阿方《あなた》は何故に私の旅行を妨げますか旅行は私の自由で御坐《ござ》りますと云張《いいは》り後免《ごめん》警察署に連れて来られし後も頑として不服を唱ふる所より、種々申聞きたるも聴かず出高の上検事局及び警察本部へ警官の取扱を不法なりとして訴へ出でたりと

検事局や警察本部へ取り扱いの不当性を訴えるとは、大した度胸の巡礼者だ。

行政のこうした取り締まりを新聞社も応援した。もっともよく知られるのは明治一九年（一八八六）五月九日付の『土佐新聞』に掲載された「遍路拒斥すべし　乞丐逐攘《きっかいちくじょう》すべし」という題の長文論説である。乞丐とは物乞いのこと、逐攘は追い払うという意味である。筆者は元土佐高知藩の中流武家出身で、自由民権運動活動家として活躍した植木枝盛《うえきえもり》。彼は、その当時の巡礼者は祈念のためではなく「其の大半は旅金も携へず穢き身成にて朝より晩まで他人の家に食を乞ふて廻り。巡拝も祈願も何んの其の主《もっぱ》ら事とするは四方八方を食ひめぐ

るに在り」とする者として、コレラの蔓延、物乞い、強盗、行き倒れ、商売の邪魔などの元凶となる巡礼者を「断然として之れを拒斥し之れを逐攘せざる可からざるなり」と主張する。追い払う方法として、まず村々に巡礼者への施しをしないように呼びかけるべきだと主張し、巡礼者の流入を防止するために県境で警察が取り締まることも提案する。さらに国家として住居へ侵入して物乞いする行為を取り締まる法律を制定すべきだとも記す。

植木のこの主張は、四国遍路に対する高知県の不寛容さを示すものとしてたびたび紹介されてきた。それはそのとおりだろう。しかし植木が最後のくだりで主張するのは、こうした「貧民」を作り出す社会の改善であり、租税を低くすることを社会改善の一方策として提案している。貧民に対するフランスの政策などにも言及する植木が目指すのは、近代的な民権社会であり、四国における古い慣習の是正と改良だった。その彼にとって、貧しい者が物乞いをしながら家々を廻ったり、中に入り込んだりすることはあってはならないことだったのである。

また、植木のような主張は決して高知県だけで展開されたわけではないことも記しておこう。明治三九年(一九〇六)一二月一日付の『大阪毎日新聞』には「巡礼報謝の禁止」という文章が書かれている。巡礼報謝は「年経るに随ひ巡礼は全く乞食非人の類が慈善心深き人を欺く一種の手段にのみ専ら誤用」されている。つまり、ほとんど金銭を持たずに四国で行乞をして生活をしている巡礼者が、明治末期になっても依然として多かったことが分かる。そして、高知県のみならず香川県の大川郡や木田郡においても、「偽者」の巡礼者の存在が問題となっているために、巡礼者への金品や食物の寄付を禁止することにしたと記事は続く。

報謝、すなわちお接待は「博愛慈善」という、近代的な観点からみても賞賛すべきものなのだが、そのためにかえって信仰心の薄い巡礼者を誘発しているとし、世界の一等国になった日本において、旧態依然とした悪習が横行しているのはきわめて遺憾で、こうした巡礼者たちは文明的行為として保護施設に収容しなくてはならないと記事は主張するのである。

差別

香川県高松市で生まれ育った私は、小学校の教諭にしばしば「お前はヘンドの子か」と詰《なじ》られた。そしてこれを耳にした母は大変憤っていたことを覚えている。「ヘンド」とは物乞いをしたり、病気を患っていたりした巡礼者に対する差別語である。物乞いをしながら糊口を凌ぐことを主な目的とする巡礼者は「ヨタテ（世立）ヘンド」「モライヘンド」「クイコクヘンド」などと蔑称された。

明治末期に巡礼した高群逸枝は、ある日の同宿者を、薄くなった灰色の頭髪を束ねた六〇歳くらいの女性、骨と皮ばかりの目玉の飛び出た年老いた男性、盲目で「色の青い頭の毛の

宮尾しげを「遍路姿いろいろ」

中に汚ない禿を有する男の方」と描写し、自分たちも含めて「みんな盲鬼か幽霊かお化かの寄り合いみたいだ」と記す。彼女は、巡礼者はおおむね「灰色の敗残者」であり「どれもこれも足を痛めていたり口を歪めていたり痩せて骨ばかりになっていたりまるで死の勝利に出ている乞食の群を思わせるようだ」とも表現している。

漫画家の宮尾しげをは「遍路姿色々」というイラストを『遍路』という月刊誌に掲載していたが、洋服巡礼、一〇ヶ所めぐり僧侶、はだしの願がけの人のほか、足のない人、身体に何らかの障害があって車に乗った巡礼者を描いている。車に乗った巡礼者は香川県出身である漫画家の荒井とみ三の『遍路図会』（一九四二年）にも描かれており、荒井は次のように書き付ける。

箱車の遍路は車の中に世帯道具を入れて、幾年にも亘る長期の巡礼を続けなければならぬ。それだけに、遍路とは云ひ条、真実の乞食にうらぶれる人々も多い。

箱車に乗つてゐるのは、まだしも幸福な方で、躄《いざり》の如く大地を匍うて旅してゐる者すらある。

このような身体に障害を抱える巡礼者たちは「イザリヘンド」と呼ばれた。またハンセン病を患い喜捨を求めて歩く巡礼者は「ドスヘンド」「ナリヘンド」と蔑称された。

民俗学者の宮本常一著『忘れられた日本人』に収められた「土佐寺川夜話」という短文に、第二次世界大戦の始まった頃、宮本が高知県寺川を訪れたときに原始林の中で出会った老女の話が紹介されている。それはこんなふうに記されている。

顔はまるでコブコブになっており、髪はあるかないか、手には指らしいものがないのです。ぼろぼろといっていいような着物を着、肩から腋に風呂敷包を襷《たすき》にかけておりました。大変なレプラ患者なのです。（中略）そのうち少し気持もおちついて来たので「婆さんはどこから来た」ときくと、阿波から来たと言います。どうしてここまで来たのだと尋ねると、しるべを頼って行くのだとのことです。「こういう業病で、人の歩くまともな道はあるけず、人里も通ることができないのでこうした山道ばかり歩いて来たのだ」と聞き取りにくいカスレ声で申します。老婆の話では、自分のような業病の者が四国には多くて、そういう者のみの通る山道があるとのことです。私は胸のいたむ思いがしました。

レプラ病とはハンセン病のことである。宮本自身が道中でハンセン病患者に会うのはこの一度だけで、こうした人々がもっぱら歩く山道があるのかどうか確認もできなかった。ただし、寺川の別の老人は宮本に「盗人の通る道もあるのだからカッタイ病の通る道もあるでしょう」と語っている。「カッタイ」もハンセン病患者への蔑称で、今では差別語とされている。

昭和九年（一九三四）、朝日新聞記者だった下村海南と飯島曼史は、全国の大きな街道や通りに散見されるハンセン病患者たちが、春の四、五月になると四国遍路の札所寺院、「それも交通の利便の多い都会近くの寺々へ、山門に本堂に大師堂に、到るところ群をなす」（『遍路』）と指摘する。ハンセン病は伝染すると信じられていたため、彼らは接触が忌避され差別の対象ともなった。とりわけハンセン病の巡礼者は宿での宿泊が拒否されている。下村と飯島が行った講演では、来場者に次のような言葉を投げかけられる。

ことに癩患者は絶対に泊めないさうなといつても、そりゃ癩患者でも乞食とか病毒の烈しくなつたものは、まさか泊めもせず泊まれもしないがね。

同じ部屋、布団、食事、食器、そして風呂水による伝染が理由だった。

大正七年（一九一八）の高群逸枝の『娘巡礼記』には、次のような巡礼者とそれを取り囲む様子が描かれる。

顔も手足も紫色に腫上って居る。人々はクスクス笑った。何というこの惨《いた》ましい光景、顔をそむけずにはいられない。

業病悪疾というのはあんな人たちの事であろう。ああ一言何とか言ってあげたい。

「おまはんお国は何処ぞい」

「業病も因果だろかいのう」

人々はよく話しかける事が出来る。（中略）とぼとぼと去り行く人の悲しき姿よ。

巡礼者に声をかけたのはおそらく地元の人たちだろう。ハンセン病は「業病」や「天刑病」と呼ばれ、前世での悪事に対する罰が今世に現れたともいわれた。こうした処遇は四国の人々の差別感情で説明すべきではない。伝染病だと信じられていた当時の社会のどこでも起こりえたからである。

全国にいたハンセン病患者たちは三つの国立、五つの公立そして六つの私立の療養所に収容された。しかし療養所への入所を望まず、自宅に身を隠したり、旅に出たりする者も多く存在した。そうした人びとやその家族に療養所への入所の重要性を説いて廻った一人に小川正子がいる。長島愛生園（岡山県瀬戸内市）に勤務し、ハンセン病患者の収容に心血を注いだ医師の小川は、患者たちが多く集まる傾向にあった高知県を数度訪れ、その記録として『小島の春』（長崎書店、一九三八年）を著した。その中で、高知県の鏡川河畔に野宿する一団の中に、二人のハンセン病を患った巡礼者を見つけたときの様子を、次のように記している。

遂に名の通りの鏡川河原に行く、此処には秋の陽のさやけき中に浮浪の健康者の天幕が幾つかある。その中に病者のが混つて二つ、一つは昨日来た許りの四国巡礼中に足を痛めて行き悩む三十歳余の結節の伝染力も最高期の女、一人は相当に病気も永くなつて足が腫れて歩かれず、村役場が世話して此処に住む結節癩、是は療養所に一日も早く安住せん事を願つて居たが、女は夫も子も残して和泉より来た者「巡礼中に高かつた結節もひいて神詣での効があるから是非もつと巡礼したい、そんな怖しい所に行かぬ」とがんばる。

時は昭和九年(一九三四)。小川はハンセン病を伝染病と固く信じ、患者を隔離することが祖国浄化と考え、高知県を駆けた。それゆえ彼女のハンセン病患者の描写には誇張があるだろう。ただ、当時の高知県で野宿をしながら生をつないでいた巡礼者の様子は垣間見ることができる。

小川が信じるハンセン病患者の隔離は、優秀な種の保存のための劣等な種の断絶を主張する優生学と交差していた。実際、先述の下村海南は、人種改良を推進するために優生運動に関与し、のちに政治家、日本体育協会会長、さらには日本放送協会会長と歴任する中で、四国遍路の巡礼者に多くハンセン病患者が見られることを大きな問題として挙げ、彼らを「将来に絶滅をしたい」(『遍路』)と訴えていた。そのために、「さうした不幸な者が大師の御利益で病気本復をといふのかも知れぬが、それよりも大師の御利益により、右から左へと療養所へ収容されることが何よりである」と主張する。

小川も下村たちもハンセン病患者は不幸であり、将来にこの病気を絶滅させることを真に願い、とても人道的な配慮をしていると考えていた。その一方で、患者たちが療養所や収容施設になぜ入りたがらず、巡礼の旅を続けるのかということには理解の範囲を広げようとしなかったのである。

福祉政策の充実と消えた巡礼者たち

かつて愛媛県の伊予鉄道株式会社で順拝バスツアーの添乗員をしていた人物の話では、職業遍路と呼ばれる巡礼者たちが一九六〇年代半ば頃まで見られた。職業遍路とは、行乞をしながら旅を続けた巡礼者のことである。六〇年代に何があったのか。それが高度経済成長による経済発展と福祉政策の充実だった。

一九五〇年代半ばから始まった高度経済成長は、昭和三五年(一九六〇)一二月に閣議決定された所得倍増計画を後押しする。この計画は翌年からの一〇年間で実質国民所得(国民総生産）を二六兆円に倍増させることを目標に掲げた。これにともなう国土開発、公共事業の増加によって港湾労働者や建設作業員などの需要は増し、新しく物乞いの旅に出かける巡礼者数を減らした。

国家による福祉政策の充実は、昭和二五年（一九五〇）施行の生活保護法や、三八年の老人福祉法施行に現れる。後者によって、貧しさに苦しむ高齢者の保護を目指し「特別養護老人ホーム」や「養護老人ホーム」などが創設された。こうして徐々に職業遍路の数は減じていったのである。

劇団を主宰する笹原茂朱《もしゅ》が昭和四六年（一九七一）に行った巡礼の記録には、香川県善通寺市の善通寺で出会った老人の巡礼者の次のような話が挿入されている。

するとと老人は、〝そうさね、今じゃ歩きはまず十人もいますまい〟という。（中略）〝もうたいがい死んでしもうたし、老人ホームに入れられたりしてわたしらの他には誰もいなくなりましたわい〟。老人ホームに無理矢理収容されたかつての乞食遍路の老婆のうち何人かは、今でも春になると血が騒ぐのか、お遍路させろと暴れるのだそうで、〝あんなところに入れられてしもうたら哀れだわい〟と人事のように語る乞食老人の〝今じゃ歩きは十人はいますまい〟という一言のなかに、（以下略）（笹原茂朱『巡礼記　四国から津軽へ』日本放送出版協会、一九七六年）

また昭和五三年の四国遍路の記録には、「今は社会福祉がととのっているので」職業巡礼者たちが見られなくなったという旅館経営者の発言が記されている（山崎透子「巡礼——女のひとり旅」『別冊ジュノン　日本古寺めぐりの旅』主婦と生活社、一九七八年）。「職業遍路」や「乞食遍路」と呼ばれてきた巡礼者が、実際に老人ホームなどの福祉施設にどのように入所していったのかは明らかではない。ただ、こうした社会状況の変化で、「職業遍路」と呼ばれた巡礼者たちは次第に姿を消したと思われる。

第五章　近代化への道

ここまで四国遍路が、娯楽として楽しまれる一方、貧者や病人も多く巡礼の旅に出たことを述べてきた。四国遍路はこのように明るい側面と暗い側面を持っていたわけだが、二〇世紀に入ると、楽しく、快適な旅というふうに実態が変化していく。

本章が取り上げるのは明治時代以降に押し寄せた交通機関や郵便・電信制度といった近代化の波と、その反動のように起こった昭和期の宗教的意義の見直しである。やがて第二次世界大戦の足音が聞こえてくると、四国遍路のありようも姿を変えるが、巡礼者たちの歩む道が激しく変化していく過程を紹介したい。

I　整いゆく交通網

交通の近代化と巡礼日数

巡礼と交通機関発達の関わりは、明治三八年（一九〇五）の『大阪毎日新聞』による西国三三ヶ所巡礼競争に見ることができる。福良竹亭と今井黄村の二人の記者のどちらが先に三三ヶ所すべてを訪れるかを競うもので、二人は列車を、それぞれ一三回、二〇回使用している。この当時「三十三箇所の四分の一」は鉄道沿線に点在するといわれたように、鉄道のネットワーク化がずいぶんと巡礼を容易にしている。西国巡礼のこの風景は、一九二〇年代末頃まで列車の使用が難しかった四国遍路と対照的である。

四国遍路においては、公共交通機関の発達が遅く、また鉄道のルートが巡礼ルートと重複することもあまり多くなかったために、鉄道を用いた巡礼はそれほど見られなかった。大正四年（一九一五）頃に行われた四国遍路の回想録には、徳島県について、「その頃の四国一帯は今日とは雲泥の相違で不便極まりない土地であつた。汽車は讃岐にある許りで此辺では見る事も出来なかつた」（西澤笛畝「四国遍路」『旅と伝説』一九三五年）とあり、徒歩による巡礼は最短でも四十八日を要すると記されている。

四国内の交通整備

ここで明治時代以降、どのように四国内の交通網整備が進んだのかを確認しておきたい。第三章に登場した『四国遍路道中図』（一九二六年）を見れば、当時鉄道の恩恵を受けていたのは愛媛県と香川県であることが分かる。

まず、省線（鉄道省管轄の鉄道路線）を確認しよう。道中図作成時には、香川県の高松駅から愛媛県の松山市の手前である菊間までしか路線は延びておらず、ようやく松山駅とつながるのは翌昭和二年のことである。当時は讃予線と呼ばれたこの路線を利用すれば、香川県と愛媛県にある多くの寺院を訪れることができる。しかし、のちに予讃本線と改称し、愛媛県の西端に位置する宇和島駅までつながるのは、昭和二〇年（一九四五）まで待たねばならなかった。

一方、香川県に目を転ずると、道中図には載っていないものの、大正一四年（一九二五）には高松の東一〇キロほどに位置する志度から高松までを結ぶ高徳線が走っていた。これを用いれば八四番の屋島寺から八六番志度寺の三ヶ寺を訪れることができる。

徳島県内はというと、道中図には、徳島駅から吉野川沿いを走って阿波池田に至る徳島本線（現在の徳島線）と、同じく徳島駅から二〇キロ弱海沿いを南下する古庄駅までの牟岐線が描かれている。徳島本線は一五番国分寺《こくぶんじ》や一六番観音寺などごくわずかな寺院、牟岐線は道中図上では一九番立江寺の参拝に利用可能である。二三番薬王寺のある日和佐駅まで牟岐線が延びるのは昭和一四年（一九三九）である。そして、高知県は省線を用いて巡礼することはほぼ無理である。

省線とは別に、私鉄や電気軌道も巡礼者を運ぶ。私鉄は、徳島を除く三県にあり、都市や近郊の札所寺院へ巡礼者を運んでいった。駅と寺院が離れていれば、駅から乗合自動車、バスの便があることもあった。

では、私鉄のない徳島県は不便だったのだろうか。昭和一二年（一九三七）に巡礼した俳人の荻原井泉水《おぎわらせいせんすい》は『遍路日記』にて、

徳島の如き市町の近くにある霊場は、徳島を中心として、それぞれにバスの便利が出来てゐる。例へば、第十一番の藤井寺から山を越えて五里、第十二番の焼山寺に行き、更に第十三番の大日寺まで九里の道を行くといふ代りに、藤井寺は徳島から省線で行ける、焼山寺は徳島から山麓の寄居までバスで行ける。

と記している。荻原は寺院間の距離が長い高知県でもバスを使用しながら巡礼を続けたようだ。

バスの運行には道路の整備が不可欠である。道路の改良が国家事業として推進されるようになったのは大正八年（一九一九）制定の「道路法」以降のことであった。愛媛県と香川県の状況を見ておこう。

愛媛県と香川県は、当初は国道三二号（その後、国道二四号と改称され、現在では一一号）によって結ばれている。この一部である愛媛県の横河原から同県伊予三島まで札所寺院は存在しない。愛媛県内の巡礼で有用な道路は県道である。最初に県道が指定されたのは道路法

が制定された翌年の大正九年で三七線がこれに含まれた。その後も次々と県道が新たに追加認定された結果、戦前には県道が二四六線存在した。

この上を走ったのが人力車や乗合自動車、つまりバスだった。愛媛県内における最初のバス営業許可は、明治四四年（一九一一）に松山市—堀江間を馬車に代わって運転する民間業者に出された。県内で最初のバス会社は愛媛県八幡浜市の医師によって大正八年に設立された伊予自動車で、八幡浜—大洲—郡中間の定期輸送が開始された。この後、愛媛県各地で次々とバス事業を開始し、大正末年以降に統廃合が行われるようになるまで県内のバス事業は乱立状態となった。

香川県も、増加する人力車や馬車などの運行に対処するため、明治期の後半に道路改良工事を進めていたが、自動車の営業路線として使用可能なのは、わずかに琴平—丸亀—多度津間をつなぐ数キロの区間のみだった。これは明治四〇年（一九〇七）に定められた県令によって、幅員四間（約七・二メートル）以上なければ自動車営業路線として使用できないとあったからだ。しかし、県内各地で登場した乗合自動車会社は営業許可を求め続け、これに対応すべく、道路改良工事は喫緊の課題となる。その後、昭和七年（一九三二）には県道一六路線のうちの四路線が完成した。さらに、八年には国道二二号が着工され、一三年に高松から屋島を経由して牟礼村までの約八キロの道をつないだ。これにより、善通寺、志度寺、八栗寺などへ自動車で行くことができるようになったのである。

先に紹介した俳人の荻原井泉水は、このような道路とバスのネットワークを「蜘蛛の巣のやう」と表現する。そしてこの蜘蛛の巣を利用していくなら、かつて徒歩がメインだった頃につけられた札所の番号順と齟齬をきたすことを指摘した。

つまり、昔の道は凡《すべ》て環状に出来てゐたものが、今日では放射状の道が新しく開けてゐる訳だ。この事は、後に土佐に行くと、一さう顕著であつて、第二十八番から第三十六番までは、凡て高知市を中心としてバスの環状線が開通されてゐるのである。此実状を考へると、札所の参拝順路といふものも、新時代の交通路に従つて改正する要がありはしないかと思ふ。それも亦、考へやうに依つては、新時代といふ縁に従ふものであつて、自然のことではないかと思はれるのである。

郵便と巡礼

さて、巡礼の風景を変えたのは交通機関の整備だけではない。先に紹介した『遍路道中図』で興味深いのは、各県の札所寺院近くに郵便局が記されていることである。これは遠隔地から四国遍路のためにやって来た人たちが、家族や友人に消息を知らせる手紙を出していたことを暗に示している。実際、道中図の裏には「郵便為替音信」という項目で、次のように記されている。

旅行中成べく音信を多くし又故郷の安否郵便為替の通達を知るは心の力となり、故に予め郵便局の所在地日数を謀り目的の郵便局留置きに送達せば便利なり

ここでは故郷と巡礼者とのつながりを支えるために郵便局を活用することが勧められている。こうした郵便制度と巡礼との関わりは、明治三八年（一九〇五）に大阪毎日新聞が企画した西国三三ヶ所巡礼競争でも見られる。記者は次のように書き付ける。

これ（郵便／筆者注）はむかしの順礼が受けることの出来なかつた幸福、それからお札場にはどんな山中でも苟《いやし》くも人家のあるところには郵便受取所があるので那智の山上よりも松尾山の絶頂よりも自由に郵便を出すことの出来るのはこれも亦た文明の賜《たまもの》でむかしの順礼が夢にも知らないと（一九〇五年一〇月二二日付）。

明治五年（一八七二）以降、全国的に展開する郵便制度は巡礼者とその親族や友人とのつながりを支えるとともに、彼らの経験の様式を大きく変化させた。道中図は巡礼者や旅人に郵便局の所在地を提示することで、彼らにつながっていることの安心感を提供したのである。もう一つ、荒井とみ三の『遍路図会』（一九四二年）からも次の一節を拾っておこう。荒井は箱に入れられていたり、掲示板に貼られていたりする寺院気付で送られてきた郵便物や電報を、信仰一念で巡礼を続ける者を追いかける「世間の塵」と呼ぶ。

遍路も所詮は社会人である。
白衣を脱げば忽ち還る雑音の巷の人となる。そこに又非僧非俗の路をゆく遍路の味もあるわけだが、海山幾百里、その日その日を行雲流水の旅枕に宿所定めぬ遍路の上に現世の絆をむすぶ信書や電報の数多きを見る時、今更らならねど人生波瀾多きを教へらる。

郵便制度とともに情報伝達をスムーズかつ正確にしたのが電信制度である。その中でも電報と四国遍路の関係に注目しよう。

すでに紹介した大阪毎日新聞による西国三十三ヶ所巡礼競争、四国八十八ヶ所巡礼競争の二つの特集で、記者たちはほぼ毎日、その日、どこを訪れどのような経験をしたのか、その見聞記事を電信によって本社へと伝えた。この電信ネットワークは明治二年（一八六九）に東京～横浜間での電信線の開設によって始まり、以後、三二年には東京～大阪間の長距離市外通話が開始されるなど、日本全土にくまなく張り巡らされていく。この新たなネットワークが、空間を隔てた読者と記者との関係をも作り上げていったのである。

II　近代化がもたらした質的変化とは

新しい巡礼スタイル

交通機関の近代化や郵便制度の確立は、職業遍路と呼ばれた巡礼者とは異なる社会階層の人々を、四国遍路に招き入れることになった。第三章で紹介した門屋常五郎の『四国霊場案内』（一九二三年）には、

由来四国巡拝者と云へば、其の大部分が老少男女を通じて、農商の或る階級に限られ、概して教育程度も低きやの感がありましたが、近時は大分其の傾向を異にして、知識階級、有産階級と普遍的に参拝するやうになりました

とあり、大正期には以前とは異なる「知識階級」の巡礼者が参入してきたことを示している。門屋はこの案内記を以前の「大同小異」の案内記とは違うもので、研究者などにも役に立つのだと自負してもいる。つまり、知識階級の人々を強く意識したものなのである。

このほか、大正一〇年（一九二一）に出版された巡礼案内に寄せられた文章には、次のようにある。

然ルニ昔カラ四国巡拝ト言ヘバ迷信家カ病人ノスルコト、思ハレテ識者ノ間ニ顧ミラレ

ナイノハ実ニ遺憾ナコトデアリマス　ソレデ私ハ大正八年ノ春カラ自分自身デ四国巡拝ヲ実行シ且ツ以テ世ノ識者ニモ勧メテ居ルノデアリマス（岡部茂太郎『弘法大師霊場案内』一九二二年）

昔の四国遍路は迷信家か病人がすることだと思われていたので、知識レベルの高い人には見向きもされなかった。だから知識人である自分が四国遍路をして、ほかの知識人たちにも勧めるのだと言っている。

宗教から引きはがされる巡礼たち

二〇世紀に入り、次第に質的変容を経験する四国遍路。交通手段、情報伝達手段が向上し、新たな社会階層が関心を寄せるようになる。それらをつなぐのが新聞だった。

明治三八年（一九〇五）、大阪毎日新聞は西国三十三ヶ所巡礼競争の目的の一つに、

仏恩報捨のためのみならず歴史、地理その他人生に関係せる問題を研究する人には好箇の資料となるべし、（中略）果して然らば今回の挙は信心家、旅行家のためのみならず学界に多少の貢献あるべしと信ずるなり（一〇月二日付）

と記している。ここには、西国巡礼を宗教という文脈ではなく、歴史や地理的にユニークなものとして捉える視点があり、そうした視点は科学という分野でも意義があると考えている。

三年後の特集四国八十八ヶ所霊場遍路では、

我社は此際二名の社員を特派し手を分つて此等の霊場を巡拝せしむること丶致しましたが、人文地文に関する旅中の見聞は固よりのこと、或は深山幽谷の境《さかい》、或は絶海辺境の地にある霊場及び此に伴ふ因縁奇談を始め遍路道者間の風習等に及ぶまで巨細に此を通信する筈とありますから紙上に掲載の日には定めて趣味饒き読物として江湖の喝采を博すること丶思ひます。（一九〇八年四月一七日付）

と、その企画の独自性を謳っている。四国、あるいは巡礼そのものについてよく知らない読者の知的好奇心を刺激することが、この企画の意義だと主張され、巡礼が持つ宗教的意義より、歴史的かつ地理的独自性が前面に押し出されたのであった。

その記者たちが持参した持ち物も、そうした巡礼観の変化をうかがわせて興味深い。西国巡礼競争で記者が実際に所持した物品の中には、旅行案内や観音経、数珠などと一緒に電報用紙、郵便切手葉書が含まれていた。同時に、かつての巡礼者の必携品のいくつかは時代遅れのものとして一蹴している。

四国八十八ヶ所霊場遍路で記者が持参した道具は明記されていないが、おそらく西国巡礼のときの記者が持っていたような品々が選ばれたのではないだろうか。

服装は背広のようなものを着て、帽子をかぶっていた。当時の日本の都市部においては

「ハイカラ」という言葉が登場し、そうした服装や身振りが流行となっていたという背景がある。四国内は交通機関があまり発達していないため「遍路の道中は当世ハイカラ的の旅行に適しないのは勿論」としつつも、服装は「ハイカラ」だったようである。同じく、明治三八年（一九〇五）の西国巡礼競争でも「背広の洋服に脚絆草鞋掛といふ身軽の打扮」だった。西国巡礼競争第一日の様子を告げる記事に付されたイラストでは、菅笠をかぶっているものの、どうやら洋服のジャケットを着ているようで、しかも電報を打っている記者を示している。また同日の記事には二人の記者の写真が掲載されており、洋服と帽子を着用し杖を持つハイカラな一枚となっている。

モダン遍路

これら二つの巡礼記事を掲載した『大阪毎日新聞』を相手に、熾烈な読者獲得競争を繰り広げていた『大阪朝日新聞』は、昭和九年（一九三四）になってようやく四国遍路の企画を立ち上げる。三月七日から三月三〇日まで二〇回にわたり掲載された「四国霊場新遍路」である。これは四人の記者が二人ずつ二組に分かれ、各寺院を訪問した際の見聞のほか、交通機関や寺の縁起などを記したもので、第二回からは各札所の「御遠忌記念判」も順次掲載されている。記事では、標準は学生諸君または学校出たてのサラリーマン諸君のつゝましい旅にとる、たゞし長旅を遍路宿から遍路宿への泊り重ねはよほど一念発起してゐない限り二、三日で辟易するのは当然だから、いづれも普通旅館によることゝし、またバス、鉄道、巡航船などの乗物もでき得る限り利用することにした（三月三一日付）。

とあり、従来の巡礼方法とは異なる新たな様式、「新遍路」を紹介した。遍路宿や寺院での宿泊をしない場合に、巡礼にかかる総費用を「百四十六円五十二銭」として紹介している。これは現代の価値に換算すると六〇万円くらいであろうか。確かに贅沢な旅である。さらにこの御遠忌に「信仰と趣味の旅を兼ねた都会人の新遍路」、「モダン遍路」が増えることも付け加えられている。連載後「問い合わせが相次いだ」ため遍路旅費を改めて掲載した、とあることから、この連載は人気を博したようだ。

「モダン遍路」とは、従来の巡礼のスタイルにこだわらず、効率的、合理的に四国遍路を行うことを意味することになろうが、ここで提唱されたモダン遍路は一九三〇年代に突如として登場した巡礼様式ではないことにも注意が必要である。すでに明治大正期に、新聞社による企画等をとおしてすでに蓄積されてきたスタイルだからである。

この時代、合理的かつ効率的で快適な四国遍路が別のメディアでも紹介されていた。それが観光ガイドブックである。日本初の旅行代理店であり、鉄道省とも深いかかわりを持つジャパン・ツーリスト・ビューローが昭和一〇年（一九三五）に発行した『旅程と費用概算』では、四国地方紹介の最後に「四国八十八箇所」の欄が設けられ、次のように書いてある。

巡拝は徒歩によるのが習はしであるが、交通の発達につれ、今日では必ずしも徒歩によらず、汽車、電車を利用し、また自動車遍路さへ行はれて居る。（中略）然し種々の交通機関を利用し、宿屋も相当の家を選ぶ新式の方法による時は、それ相応の費用を計上せねばならぬ。八十八ヶ所全部を打止めるには普通徒歩四〇日の行程とされてゐる。途中定期の乗合や其他の乗物を利用しても約一ヶ月を要するが、全行程を貸切自動車に依る時は七百哩、約一週間で廻る事が出来る。

諸々の交通機関を利用し、遍路宿と呼ばれた格式の低い宿ではなく一定以上の格式を持つ宿泊施設を利用する「新式の方法」の巡礼。それは近代的な巡礼である。

この新式の方法を実践するだけでなく「一般の遊覧本位、観光本位の旅行者のために開拓」したのが、第三章で紹介した雑誌『旅』の記者、飯島實である。彼は『旅』の記事において、利用可能な交通機関のほとんどを提示している。また効率化のために札所を訪れる順序も気にしていない。飯島は八十八ヶ所の寺院間移動で合計三九回を徒歩で移動しているが、それ以外は何らかの交通機関を用いている。ほかの交通機関があるにもかかわらず徒歩で移動しているのは、移動距離が短い、もしくは発車時刻とのタイミングが合わず徒歩での移動の方が早いと判断した場合である。つまり効率性と合理性を追求して四国遍路を旅したといえるだろう。

彼が記事を寄せた『旅』は、大正一三年（一九二四）に設立された日本旅行文化協会が同年に発行した月刊旅行雑誌で、日本人たちに正しい旅行のありようを教える啓蒙的な性格を持っていた。その『旅』は、昭和三年（一九二八）に四国遍路のほか、「秩父巡礼」「坂東《ばんどう》三十三所観世音霊場廻り」「西国三十三番交通案内」なども紹介している。

乗り物の誘惑

昭和九年（一九三四）に日本旅行文化協会を吸収合併したジャパン・ツーリスト・ビューローは、一〇年に、先ほど引用した『旅程と費用概算』のほか、『ツーリスト案内叢書第二輯　四国地方』を発行している。この本には「四国遍路」の項目が立てられ、「交通機関の発達につれ、今日では必ずしも徒歩に依らず、汽車・電車或は定期のバス等を利用するものが多くなり、この方法に依ると二十四、五日で巡拝出来ると云はれてゐる」とあるなど、交通機関を用いた観光として四国遍路、モダン遍路が紹介されている。

汽船会社や乗合自動車などの交通機関も、積極的な勧誘を行っていた。一九三〇年代後半に作られたと見られる阿波共同汽船株式会社発行のパンフレット表紙には、菅笠に杖を持ち、

阿波共同汽船のパンフレット

おそらく徳島県の名産、藍染めの絣に身を包んだ女性がこちらを見てほほえみかける写真。女性の横には「信仰のハイキング阿波霊場巡り」とあり、四国遍路を健康増進のハイキングと結びつけ、大阪と神戸に住む人々に四国遍路をアピールしている。パンフレットは二三の札所寺院を、計六日間で廻るプランを紹介しており、大阪を起点とした場合には総額で「十八円五十銭」（現在の感覚でおよそ七万円）かかるとしている。

パンフレットだけでなく、現地では積極的な勧誘活動も行われていた。漫画家の宮尾しげをは、高知県宿毛《すくも》市の片島港から出発する汽船が巡礼者に対して乗船料金を二割引していることを記録する。しかも、そこから西に一〇キロほど離れた愛媛県の深浦港に着くと今度は馬車が横付けし、巡礼者に「四十番（観自在寺／筆者注）へ行きますョー、乗りなされ」と呼んでいたことも記している。汽船や馬車だけでなく、乗合自動車の会社も巡礼者に対して広告看板を作ることもあったようだ。

巡礼経験の近代化

しかし、こうした巡礼者への割引や客引きを苦々しく見る人々も。たとえば、この後に紹介する「遍路同行会」という団体が発行する月刊誌『遍路』の編集長、村上長人《ながんど》は、昭和六年（一九三一）に自らが行った巡礼の所感の中に「徒歩の敵」という章を設け、

乗物禁止の教訓を裏切つて、乗物利用者の多くなつたに驚く、汽車汽船が割引をする、自動車などは袖をひいて勧める、悪魔は至る処に誘惑の網を張つてをる、とくに霊場の寺院などで、是等の客引きをつとめる様なものがあるは苦々しき限りである。（「四国巡拝所感」『遍路』一九三一年、五頁）

と記す。割引、客引きともに悪魔の誘惑であり、ましてや札所寺院までもが客引きをするのは言語道断というのである。

賛成するにせよ、反対するにせよ、こうした交通機関の利用や合理的な旅行としての新たな巡礼スタイルは、巡礼者の実践そのもの、あるいは経験の様式を変化させていく。村上はさらに、

急激な世態の変（新）遷は、四国にも種々の変化を見せまして、道路は益す開け、交通機関は発し《（ママ）》まして、八坂八浜の険を遊覧船の上より指呼し、坦々たる県道に自動車を停

めて、音に聞く飛石、跳石、ゴロ〳〵石の難所を見物するといふ有様であります。（同前）

と記し、交通網整備と四国遍路の観光化が巡礼者の実践を変容させたことを示している。

この村上の指摘は大変鋭い。

かつて難所は身体を用いて乗り越えられるべきものだった。それゆえに、難所への畏怖の念と乗り越えたときの充実感が、巡礼において大きな要素となっていたはずである。巡礼の快楽や辛苦は身体の問題だった。ただし、こうした身体感覚は当時のガイドブックや道中日記のスタイルでは言語化されにくかったのである。

また交通機関の発達は巡礼中に見えるもの、見え方の性質も劇的に変化させた。かつてはゆっくりと徒歩で移動する巡礼者の目に沿道の景物などが映っていたが、乗り物での移動の場合、そのスピードゆえにそれらは瞬時に過ぎ去ってしまう。代わりに目に飛び込むのは瞬時に過ぎ去ることのない遠景である。こうして、身体運動と切り離された難所を、遠くから見て楽しむという近代的な巡礼者の経験が現れたのだった。

実際に、愛媛県の御荘町平城《へいじょう》から宇和島市へと向かう乗合自動車に乗った漫画家の宮尾は、次のような感想を残している。ちなみに道中に見えていたのは豊後水道の島々とリアス式海岸であったと思われる。

海岸線は、地図で見ると古文書の虫ツ喰ひのやうに、離れ島、岬が複雑してるだけに、景色が面白い。柏阪から岩松間の眺めに由良の岬がパノラマのやうに見られる。遍路道は観音岳の上を越して行くので、海岸線を通る自動車より、眺めは更によいと云ふ。

（宮尾『画と文　四国遍路』鶴書房、一九四三年）

III　宗教的意義の変化

遍路同行会の設立

交通機関など近代化の波が押し寄せる中で、四国遍路の観光化を食い止めるかのように、この巡礼を宗教的文脈に位置づけ直そうとする動きが現れる。ただし、何度も繰り返しているように、四国遍路はその起源も創設者も、さらにその宗教的意義も大変曖昧である。近世以前の案内記においてさえ、巡礼道具や札所での参拝方法などが細かく説明されることはほとんどない。各札所に割り当てられた御詠歌も、なぜその寺院に割り当てられたのか、その根拠は不明である。もっといえば、弘法大師信仰に基づいていると説明されるが、これを行うことにどのような宗教的意義があるのか、体系づけられた説明があるわけでもない。『四国偏礼絵図』（一八〇七年）で僧侶の弘範が、かなり強引に四国遍路の密教的意義を説明した以外、積極的に真言宗がこれを研究することさえなかった。

限りなく世俗的な巡礼。近代になって四国遍路を宗教的文脈に結びつけようと動き出した人々は近代的、合理的なモダン遍路を批判し、本当の巡礼を主張した。それが遍路同行会という団体である。

遍路同行会は、四国ではなく東京の中野にある宝仙寺に本部を置いた。住職の富田教純が会を設立したのは昭和四年（一九二九）のこと。東京を中心に活動を開始したが、六年時点での会員数は四六名と、それほど大きな会だったわけではない。

同行会の目標は、相互扶助を示す「相互愛」、人間の平等を説く「平等愛」、自己犠牲を示す「犠牲愛」の三つから成る「遍路愛」を、日本国民に鼓吹することであった。会設立に奔走し、昭和六年から会長を務めた富田は、真義真言宗豊山派管長という有力者であるとともに、学校法人を経営するなど当時社会事業を積極的に推進していた人物でもある。同会は一一年より支部を開設し、翌年には東京都の荒川沿いの地域に、岩渕第一支部、第二支部など一八の支部が存在した。

四国遍路を広める

では具体的にどのような活動をしたのだろうか。昭和六年より毎月浅草公園の仏教青年伝導館で「遍路講演と詠歌の会」を開催し、実際に四国遍路を行った者がその体験を講演したほか、四国遍路の札所寺院から僧侶を招いてもいる。そして同年から毎年、東京を巡礼の装束で練り歩く大師降誕会《こうたんえ》遍路行列が開催された。一五年三月に決議された「遍路同行会規則」を見ると、文書宣伝、講演会や講習会の開催、四国遍路の推奨、御府内八八ヶ所巡礼、「遍路精舎」の経営、接待などが実質的な事業として示されている。文書宣伝では文字、講演会では語り言葉、そして御府内八八ヶ所巡礼では身体をとおして、「四国遍路とは何か、どのような巡礼が好ましいのか」といった情報が、四国から遠く離れた東京で広められていった。

さらに、遍路同行会の活動は、「本来の正しい四国遍路」を確立するために、観光化された巡礼とは異なる価値観に基づいて行われた。それは月刊誌『遍路』に寄せられた、「モダン」を批判する富田の次の文言にはっきりと現れている。

巡礼とか、遍路とか云ふ語は、従前は乞食の群と大差なく使はれた語である、然るに今は遍路と云ふ語は宗教的修行、高尚なハイキング、人生の普遍的の行路と云ふが如き意味を持つて使はれて居る。御納経帳とは、或方面には乞食が飯の種にでもする帳面と心得て居つたが、今は参拝の記念帖、修養の旅行、感謝の旅日記、と云ふやうな意味で、お納経判を頂いて居る。モダン達は蒐印帖と名を改めて、寺々の御納経判を集めて得々

遍路同行会の遍路行列に参加した人々

として居る。（「遍路行進」『遍路』一九三五年五巻五号）。

彼は、四国遍路を観光やハイキングとみなし、納経帳を記念スタンプや旅行の記録として扱っている「モダン達」を批判していた。後述するように、第二次世界大戦が始まると、健康増進を目的に四国遍路はハイキングと結びつけられていくが、この頃の同行会はまだ、ハイキングに対しても批判的だった。

モダンを批判することで、真正な巡礼が決められていく。それがもっとも視覚的かつ実践的に提示されたのが、東京都内を練り歩く大師降誕会遍路行列だった。興味深いことに、この行列で「本式」の巡礼装束などが強調されていく。

> モダン・スタイルの男女が帝都の街頭を横行してゐる時、敬虔なる「杖と笠」の遍路姿の行進は如何に対照の妙を極むることであらう。（『遍路』一九三六年一巻六号）

モダンと敬虔な遍路姿。こうした対比が正統性を際立たせる。同行会は、服装は「随意」だが、菅笠と金剛杖は「必携」とした。また、『遍路』（一九三一年）には、巡礼者の装束の「本式」とは、白の手甲、脚絆、サンヤ袋に、女性は下駄か「足袋はだし」、男性はわらじ履きであり、「迷古三界城」と記された菅笠と多宝塔形が刻まれた金剛杖を持つことであると記されている。服装は随意だったといっても、当時の遍路行列参加者の写真を見ると、参加者の多くが白装束を身にまとっていたことが分かる。

ここで注意したいのは「本式」の根拠である。実は、同行会はなぜこれらの品々が本式なのか、「白」でなければならないのか説明していない。すでに紹介したように『四国辺路道指南』では持ち物として、追俵、めんつう、笠杖、ござ、脚絆《あしなか》、足半以外は「其心にまかせらるべし」としか書いていない。時代を下って明治一六年（一八八三）の中務茂兵衛の『四国霊場略縁起　道中記大成』にも上記の持ち物以外には、箸茶碗、尻敷き、肌着、襦袢、手拭いのほかは「心にまかすべし」とあるだけである。つまり、白でなければならない、これが本当の持ち物であるという記述はまったく見られないのである。

おそらく白装束を本式とする論理は、修験道の行者の服装から来ている。それが四国遍路の神秘性と厳格さを高めると考えられたのではないだろうか。

四国遍路にはそもそも厳密なルールがなかった。しかし、それゆえにこそ、巡礼装束や道具といった付随的な事物が同行会による正統性の基盤となったのである。それが垣間見えるのは、「一たび四国遍路したものが、三年五年後に四国遍路の姿をふたたびすると云ふことは、其の遍路当時の純真なる信仰を呼起こすこと丶となる」（『遍路』一九三一年一巻七号）という文章である。ほかならぬ「四国遍路の姿」が、日々の雑事で忘れ去られた「純真なる信仰」を喚起するというのである。
また、同行会の正統性は「ニセヘンド」や「職業遍路」などと呼ばれた行乞をしながら糊口をしのぐ巡礼者との差異化をとおしても主張されている。それは、たとえば、同行会関係者は「我々が遍路運動をなす時、世人が遍路を乞食と混同して軽蔑するので困る」(『遍路』一九四〇年一〇巻二号)と、ある座談会で語っていることからも分かる。

身体と巡礼

明確な教義を持たない四国遍路の正統性を、遍路同行会は徒歩という身体実践で肉付けした。徒歩こそが正しい巡礼手段であるのだという主張は、同行会が発足した当時から『遍路』に掲載されている。たとえば、四国遍路を行った東京の豊山派宝泉寺住職の佐藤獨嘯も次のように言っている。

御大師の教へは現在の教へ、生きて働く教へ、而して又一歩々々歩く教へである。四国遍路は実に此一歩々々歩く大師の教へを具現したもので、杖つく金剛杖は即ち大師の御足である。(「遍路は我等の精神を清浄無垢に返らせる」『遍路』一九三一年一巻一号)

では徒歩はどのような効果を生むのだろうか。同行会は身体実践と精神性を結びつけて効果を主張する。まず、徒歩巡礼の苦しみが仏道を追求することの苦しみにたとえられる。

人生によこたはる向上精進の苦行、不幸災難誘惑乱心に対抗せんとする苦行、希望なき安逸に沈む或る階級の味ふ苦行これらの苦しみはみ仏の大愛から設けられてある難所です、この難所の苦しみは仏道をゆくもののみの味ふ苦しみです。（同前）

また、徒歩で修行した弘法大師の経験の追体験も効果として挙げられる。

遍路は大師の御修行の通りに修行するという旨意であるから、ポツポツと道を歩むのが札所の本尊に参詣すると同じ値を持つをる。（ママ）路傍の石を見ては大師が此処に休まれはせぬかと懐かしく思ひ、昔ながらの細道を通りては大師の御足の跡は遺らぬかと去りかねる。この心で一歩々々に懺悔の涙を流し念々に大師御同行の感謝を捧ぐる事が出来るのである。（前掲「四国巡拝所感」）

そして最後は、都市生活で疲弊し蓄積された煩悩を徒歩の実践が浄化することである。

人が一切の我執を去つて、弘法大師の導かれるまゝに、山を越え、壑《たに》を渉り、大自然の懐の中に抱かれながら、遍路の旅に上るとき、此の頭脳の中に堆積してゐた塵埃は奇麗に拭ひ去られて、また生まれたときのまゝの、清浄無垢な頭脳となる。（前掲「遍路は我等の精神を清浄無垢に返らせる」）

この最後の効果は、同行会発足当初によく主張されたものである。

先に紹介したように、ジャパン・ツーリスト・ビューローのガイドブックには「巡拝は徒歩によるのが習はし」と書いてある。習わし（習慣）とは長い間繰り返し行われており、そうすることが決まりのようになっている事柄である。つまり、少なくとも一般大衆のレベルでは歩いて巡礼することの宗教的な意義は共有されていなかったといえるだろう。もちろん、すべての論者が徒歩の巡礼でなければならないと主張したわけではないが、たとえば昭和七年（一九三二）の『遍路』（二巻五号）には「遊山気分ではとても出られません、従つて遍路の気持ちは真剣であります」と、観光気分での巡礼に対して警鐘を鳴らす言葉を見ることができる。

ちなみに、昭和六年（一九三一）には二〇〇人弱が参加した大師降誕会遍路行列は、翌年には六二五名、一二年には一三七五名と急増し、一三年には二〇〇〇名と発表されている。本当に二〇〇〇人の参加があったかどうか、一五年の参加人数も同数であり、キリがいい数字であることからも疑わしいが、とにかく一九三〇年代の半ばまでは遍路同行会の思想に対する同調者が増えたと考えられる。

当初、遍路同行会によってモダンなものとして批判されていたハイキングだったが、一九三〇年代半ば以降、四国遍路と積極的に結びつけられていった。これは日本社会の変化と関わる。つまり、昭和一三年（一九三八）に厚生省の外郭団体として「日本厚生協会」が設立され、本格的に厚生運動がスタートすると、健全な娯楽の推進と国民の体位向上の一手段としてハイキングが注目されたのである。こうした中で四国遍路も、

最近ハイキングが流行してゐる。ハイキングといふ言葉の意味は「苦労して歩く」といふことださうだが、その意味からいふならば四国遍路こそほんたうのハイキングであらう（中略）都会人近代人の誰もがかかつてゐる神経衰弱などは遍路に依つて直せさうに私は思つてゐる。（下村千秋「四国遍路礼讃」『旅』一九三七年三月号）

というように、ハイキングと同様、近代社会で失われた日本人の精神性と身体性を回復する効果が主張されるのだった。この動きを大きなスケールで捉えてみよう。

『旅』の一九三四年六月号によると、出版元の日本旅行協会と鉄道省は、慰安や保養を主として意図した旅客誘致は「微温的」であると反省し、国民の保健運動を強調し始める。一九三四年といえば満州国の皇帝として溥儀《ふぎ》が即位し、満鉄が特急あじあ号を大連―新京間で開通させるなど、日本のアジア大陸における帝国主義が拡張した年である。日本だけでなくドイツでヒトラーがヒンデンブルク大統領死去に伴い総統と首相を兼任するなど、世界的にも政治が大きく動いた年だった。

『旅』の「変節」はこうした政治状況で生じた。保健運動においては、山や海などの自然に還ることで近代生活による精神衛生の荒廃を防ぐことの必要性が主張された。そして同年九

月号では特集「ハイキング号」を組み、ドイツでの健全な身体の養成、自然及び祖国に対する愛、国粋的習俗としての国民的俚謡伝説や、国民的舞踏の保存を目的とするワンダーフォーゲル運動を紹介した。

さらに、鉄道省は翌年の暮れに「国体明徴」のため歴代天皇の御陵を参拝したり神社を巡ったりする個人旅行客にはその運賃を三割引とし、また坂東三十三ヶ所巡礼、親鸞聖人の遺跡めぐり、そして四国遍路といった信仰による聖地巡礼の旅行者に対しても運賃を二割引すると決定した。それら聖地を巡る徒歩旅行は「信仰ハイキング」と称された。

ハイキングの推奨は昭和一一年（一九三六）末以降のガソリン供給事情とも関わっている。昭和六年、日本の関東軍が満州占領の足がかりを築くために南満州鉄道の線路を爆破し、これ以後、満州事変と称される武力紛争が起こった。この事変以降、ガソリンは軍事目的の使用が優先され、国内ではガソリンで動くバスに代わって、木炭などを燃料とする代燃車へと次第に切り替えられていった。さらに燃料事情が切迫し、昭和一六年、ガソリンの配給が停止されると、バスの短距離路線は運転を休止し、馬車が登場する区間もあった。こうした軍事的、経済的事情と健全な身体の育成という目的が合致したところで徒歩運動は展開した。

ではなぜ、四国遍路などの聖地や史跡をめぐるハイキングが奨励されたのだろうか。『旅』一九三七年一一月号に掲載された西村眞次の「旅の真髄」という文章では、次のように書かれている。

山、野、谷、川、到る処として神社のない処はない。仏寺のないところはない。どこにも英雄の遺跡はあり、祖先の遺物がある。いはゞ日本国中は、三千年間私達の祖先が活動した遺跡だ。（中略）歴史を繙けば民族の展開過程が知られる。しかしさうした知識は、所詮机上の知識である。実際、其地に臨んで、其人の働いた土を踏んで、其行蹟を追憶して見て、初めて其地、其人、其行蹟が徹底的に理解出来る。

各土地で育まれてきた日本人の歴史を、実際のハイキングという行為をとおして感得することが旅行の真髄だと西村は主張する。四国遍路もまた、祖先が切り開いてきた国民的な遺産であり、それを実際に歩き、経験することでより具体的に日本人の美徳を感じることができると主張されたのだった。

武運長久祈願と巡礼

四国遍路は一九三〇年代後半から次第に国家的政策の中に位置づけられていった。遍路同行会もそうした動向を積極的に利用して、自分たちの存在意義を主張した。同行会はモダン遍路などの世俗化を批判していたはずだが、三〇年代には最も世俗的な軍国主義的な政治に接近していったことは大きな矛盾である。

軍国主義との結びつきで最も顕著なのは歩くことの強制だった。当初は先に紹介したように仏道の追求、弘法大師の修行追体験、精神の回復が主張されていたが、ほかの旅行者も歩いているのに四国遍路の巡礼者が歩かなければ申し訳が立たないというように、世間体のために徒歩が強制される。たとえば同行会会長の富田は、

世の中が歩け、歩け、歩けと叫ぶ時に本四国の遍路に出た人が歩かずに巡拝するとしたならば、遍路行者として無価値なるのみではない。世の中に対しても相済まぬことになる。（中略）断然徒歩で遍路を決行すべきである。（「歩け、歩け、歩け」『遍路』一九四一年一一巻四号）

と書き付ける。世間に対して申し訳が立たないという道理では、教義も何もない。そもそも密教は言葉にできないものへ到達する方法である。これほどその方法について雄弁に語ることも矛盾といわざるを得ない。

遍路同行会が結成時から掲げてきた「遍路愛」というコンセプトは、前述のように相互扶助を示す「相互愛」、人間の平等を説く「平等愛」、自己犠牲を示す「犠牲愛」の三つから成る。これらも国民一人一人は全体を構成する部分であるとし、全体主義と次のように結びつけられる。

遍路者は皆大師の御同行であるから総てが平等であつて、其処には貧者も富者もない、

智者も愚者もない、位階勲等のみならず、不具者も病者も健康者もない。此度政府が議会に提出した国家総動員法を見れば個人の所有物も住居も人間も国家が必要と認めた場合は之を収容し得ると云ふ趣旨である。（富田教純「遍路の平等愛と総動員」『遍路』一九三八年八巻三号）

全体主義とは、個人の一切の活動が全体の成長発展のために行われなければならないという考えである。密教の修行は個人的なものであり、その修行が全体化されることはやはり矛盾ではないだろうか。

さらに、質素を旨とする四国遍路の巡礼者たちは「ぜいたくは敵だ」といわれる状況を、すでに経験しているのだと言ったり、あるいは四国遍路にはお接待という慣習があることを紹介し、それは公益を優先するものなのだというように解釈し直したりしながら、非常時の困難な時勢を乗り切るために四国遍路の精神が有効であるというような主張も行われた。

もちろん、遍路同行会だけが軍国主義と四国遍路を結びつけたわけではない。荒井とみ三の『遍路図会』には、国民服に身を包み武運長久のために寺院を訪れる人物が描かれているし、真言宗の雑誌『高野山時報』（一九三八年）にも、非常時に「銃後の国民」として武運長久の祈願のために四国遍路に出た僧侶が記した記事が掲載されている。

ともあれ、近代に生まれた遍路同行会の活動は、宗教性や正統性を主張しながらもその根拠は乏しく、自分たちの正統性を極めて世俗的な事象に依存するなど、かえって非常に近代的な様相を帯びていくのであった。

終章　レジャー化する四国遍路

Ⅰ　戦後の転換

暗い巡礼

戦後の一時期、四国遍路は暗いイメージで語られることが多くなった。たとえば、「岩波写真文庫」シリーズの一つとして、昭和三一年（一九五六）に『四国遍路』が出版された。具体的な撮影時期は不明だが、これは一九五〇年代半ばまでの四国遍路の様子を今に伝えるもので、写真には徒歩の巡礼者や「乞食遍路」、古い道標のほか、「子供連れの寡婦」と題されたものもある。札所寺院は都市部にも存在するが、収められた写真はつねに山道や農村部を旅する巡礼者を撮影したものである。

華やかさとは無縁で影のあるこうした写真は、巡礼者に対する暗く否定的なイメージと結びついていた。戦前に「職業遍路」や「ドスヘンド」と呼ばれた巡礼者たちは戦後にも見られた。真言宗関係者においてさえ、「之れ（四国遍路を行うこと／筆者注）には病気と云ふか、御願と云ふ何か、他に因縁となるものがなくてはならない」（『六大新報』一九三〇年六月二九日）というふうに、四国遍路は普通の人が行うようなものではなくて、なにがしか特別な動機を持つものが行うものだと認識されていた。

一九六〇年代には衝撃的な事件も起こった。昭和四一年（一九六六）六月初め、巡礼を済ませた歌舞伎俳優の八代目市川団蔵が、深夜大阪行きの汽船から身を投げたのである。六月五日付の新聞各紙はこの投身自殺をトップで伝えた。彼は長く歌舞伎界からの引退を切望していた。それが実現された昭和四一年には、すでに八三歳。その後、同年五月一日の朝、長年の念願であった四国遍路の旅に出た。戒名・俗名をずらりと書いた白衣を着て巡拝を続け、「父母の五十年忌を済ませしうえ、無縁の人までとむらいにけり」という遺書を残しての自殺だった。市川の自殺は第四章で紹介した貧者や病者といった巡礼の負のイメージをさらに強めた。

その一方、市川の自殺時には次第に娯楽化してもいた。最終章となる本章では、四国遍路が戦後にどのようにレジャー化したのか見ておこう。

伊予鉄観光社第一回バスツアー

バスツアーの誕生

すでに紹介したように、戦前にも公共交通機関を利用した巡礼は行われていた。しかし、確認できるかぎり、貸切バスによる四国遍路ツアーが最初に催行されたのは、昭和二八年（一九五三）に伊予鉄観光社（以下、伊予鉄）が主催したものである。

伊予鉄はバスツアー立案に際して、五万分の一地形図や昭和九年版『四国霊蹟写真大観』を参考に検討した。そして新聞広告を出し、高野山にある全国の信者名簿を借用して、広くツアー参加者を募集した。こうして最初の順拝バスツアーが昭和二八年春に出発した。ボンネットバス一台に、運転士、添乗員四人、乗客二四人（男女とも一二人）の、合計二八人が乗車した。参加者はすべて愛媛県在住者であり、最年長の七五歳を筆頭に、七〇歳以上が全体の三割強の八人だった。

出発前に撮影された写真を見ると、全員が白装束を身にまとっているわけではないことが分かるが、五年後に開催された同社バスツアーの集合写真では、乗務員と先達を除く参加者すべてが白装束を身につけていた。また雑誌『大法輪閣』より昭和三三年（一九五八）に四国遍路へ特派員として派遣された西端さかえの『四国八十八札所遍路記』に掲載された写真でも女性を中心に白装束を身にまとっていることから、一九五〇年代半ばまでには白装束が巡礼の服装として一般化したと考えられる。

第一回のバスツアーの料金は一人当たり一万三六〇〇円、現在の感覚では三五万円ほど。第一回目は一四日の行程で、戦前の公共交通機関を用いる巡礼が二〇日以上かかっていたことを考えると、かなり時間が短縮されたといえるだろう。

バスツアーの記録

第一回目のツアーの様子を紹介しておこう。当時の乗務員が後に語るには、地元の松山市内の寺院がどこにあるのか分からず、また、四国内の各道路がバスの通れる道幅なのかさえ不明であったという。また、まだ食糧事情があまりよくなかったため、米は客が持参し、各座席の下へ入れて運んでいた上、現金決済であったために経費も全額持参していた。札所寺院以外の観光地を訪れた形跡はほとんどないが、香川県の金刀比羅宮と、高知県の桂浜と龍河洞《りゅうがどう》には立ち寄っていたようだ。

最初の宿泊地では停電があり、入浴し食事を終えると夜の一〇時を過ぎていた。翌晩には、旅程が厳しすぎるという意見も出た。現在に比べて当時の道路事情は悪く、かなりタイトなスケジュールで廻っていたことも関係する。現に、日程が一日延期され、延期分については参加者が宿泊料七〇〇円を負担した。バスで寺院まで直接行くことができない場合も何度かあった。たとえば、徳島県の中央にあり四国遍路の難所といわれる一二番焼山寺を訪れた際には、麓の製材所にバスを停車したのだが、寺院まで一時間半登山しなければならなかった。そもそもここにバスを乗り入れた前例がなく、方向転換する場所もなかったため約三〇分間、乗客を乗せたままバスをバックさせて寺院近くまでアプローチし、駐車場がなかったため製材所に駐車した。また、徳島県勝浦郡にある二〇番鶴林寺《かくりんじ》から二一番太龍寺まではバスで行くことができなかったため、朝から夕方まで登山道を徒歩で移動している。

高知県の足摺岬にある三八番金剛福寺に向かう途中では、豪雨のためにがけ崩れがあり、地元のバスを乗り継いで参詣するといったトラブルもあったが、以後は大きな問題もなく翌々日の午後三時に松山に到着し、ツアーは終了した。全一三泊のうち、不明の一泊を除くと宿坊には計六泊していることが分かる。

伊予鉄バスツアーの使用車両台数は、最初の昭和二八年（一九五三）には一台だったものが、翌年には三台、その翌年には五台、三七年には五〇台、四〇年になると一〇〇台と一気に増加する。五九年の弘法大師入定一一五〇年御遠忌にあわせて、六〇年には九五五台となり第一のピークとなった。

多様化するバスツアー

作家八木義徳による『四国遍路の旅』（秋元書房、一九六二年）には、
生活のテンポの急になったこんにちでは、この正統派の遍路はきわめて寥々たるもので、大部分はその土地々々での汽車や電車やバスや自動車など各種の乗物を適当に乗りついでまわるか、さもなければ最初から貸切りバスを使って全行程を一巡するか、ことにこの第三の方法がこんにちでは四国遍路の約八割をしめているという。
とあり、この頃にはバスツアーを利用する巡礼方法が一般化していることがうかがえる。

実際、バスツアーは六〇年代にかなり増えていることがガイドブックや旅行雑誌から分かる。たとえば、昭和三六年（一九六一）初版のガイドブック『最新旅行案内一六　中国・四国』（日本交通公社）では、すでに複数のバスツアーが紹介されている。さらに、三八年の雑誌『旅』九月号においても、戦後の『旅』では初めて四国遍路が取り上げられ巡拝バスツアーの紹介がなされている。四国遍路の目的として、純粋な信仰、物見遊山、札所寺院の御朱印蒐集が挙げられている。

戦後のバスツアーは、公共交通を用いた戦前の巡礼とは何が違うのだろうか。一つは自分

で鉄道や乗合自動車を見つける必要がなくなり、より合理的かつ効率的な巡礼が可能なことがある。また、モダン遍路が個人、あるいは少数での個人的な旅だったのに対して、ツアーでは参加者みんなで読経し、移動し、食事を摂るというように集合的な巡礼であることがある。この集合性の中ですでに述べたように装束や行為が次第に統一されていく。

バスツアー自体も変化していった。伊予鉄での聞き取りでは、当初は住職と檀家の人々、各地域の講組織、または近所で誘い合って、団体でバスをチャーターするのが一般的なツアーのあり方だった。実際、昭和三七年（一九六二）に出版された鍵田忠三郎『遍路日記』には、高知県の三二番禅師峰寺《ぜんじぶじ》の住職が観光バスで檀家三〇名を引き連れてきた様子が記されている。しかし一九八〇年代になると次第に個人での参加申し込みが増加し始めた。

レジャー化という意味では、一九七〇年代後半以降、四県のうちの一県を巡礼する「一国まいり」、日曜日にバスで出かける「日曜遍路」、平日に巡礼する「平日遍路」などが見られるようになり、札所寺院以外の観光地訪問が積極的に取り入れられ始めている。

札所寺院もこのような状況に対応してだろうか、宿坊を開業し巡礼者の宿泊に益した。宿坊とは参詣者のために寺院が経営する宿である。私も巡礼中に何度か宿坊に宿泊したことがある。四国遍路の場合、宿泊料は民宿に比べると若干安く、朝の勤行に宿泊者が参加できることがある。少なくとも私の宿泊したときには精進料理ではない普通の料理で、アルコール類も提供されていた。また、共同の風呂に入ることができた。この宿坊に泊まるメリットは安めに設定された値段のほかに、寺院の雰囲気が味わえること、納経してそのまま投宿できるため便利なことであろうか。

宿坊は第二次世界大戦前の巡礼日記にほとんど登場しない。寺院が巡礼者に通夜堂を宿として提供することはあったが、それは今日にする宿坊とはまったく異なる。通夜堂はあくまで野宿の代わりに建物の一部を使用させるもので、いつもオープンだったわけではなく、宿泊する場合も、寝具、食事、風呂などは提供されない。

巡礼の個人化

一九九〇年代になるとタクシーツアーが登場し、平成四年（一九九二）にはJRタクシーが順拝ツアーを開始した。『毎日新聞』（一九九九年一一月一日付）には、一〇年の利用者は約六〇〇人で、六年前に比べると三倍に増加したとある。

ついには、一九九〇年代末にヘリコプターを利用したツアーも企画された。これが実際に実施されたかどうかは不明だが、ヘリコプターに乗ったまま札所寺院の上空で、機内にて読経、納札、賽銭を済ませるというもの。全寺院をヘリコプターで廻るのではなく、いくつかはタクシーを利用するが、全行程を三泊四日で終了する。ここまで来れば巡礼の簡便化と早さの追求は達成されたようなものだろう。

さて、タクシーによるツアーの場合、運転手が先達で巡礼の仕方を教示することが多い。それゆえタクシー巡礼は完全に「自由」なわけではなく、むしろより個人的な巡礼経験はタクシーよりも早い時期に登場した「マイカー遍路」に見出だすことができよう。

昭和三〇年（一九五五）後半以降の自家用車の普及により次第に増加したマイカー巡礼は、一九六〇年代末のガイドブックで「四国霊場とドライブ」として紹介されている。記事は「最近はドライブというもっとも現代的な手段による霊場巡拝者の数も増加の傾向をみせている」と、個人的な巡礼の増加を伝える。

一九六〇年代の自動車を利用した巡礼の個人化は、巡礼路で見知らぬ人と出会うプロセスを欠いていている。戦前に行乞しながら旅を続けた人々は、つねに宿や遍路道で土地の人や巡礼者たちと出会っていた。自動車を利用した巡礼者の自由さを、巡礼のルールや作法に考慮していないと批判する人もいた。たとえば、昭和五〇年（一九七五）の記録には次のような札所寺院住職とのやりとりが挿入されている。

住職がプリプリしているので何事かと訪ねたら、今若い二人が納経がすんだら、すぐ車に乗ろうとしたので注意したところで、このごろは「サラヘン」（サラリーマンへんろ）が多くなりろくろくお参りもしない人が多くなった。（川上和巳「遍路」『郷土丸亀』一号、一九七五年）「サラヘン」の詳しい意味は不明だが、サラリーマンのように効率を重視するため、寺院でしなければならない作法を省略する人たちを揶揄する言葉と思われる。自動車の普及によりレジャー活動として気楽に巡礼を楽しむ。そうした個人的な巡礼に違和感を覚える人たちもいたということだろう。

昭和四〇年（一九六五）発行の『最新旅行案内一六　中国・四国』はバスツアーを紹介しているのに対して、四年後の『ガイド・シリーズ二五　四国』はドライブ情報に多くの分量をさいている。これは、自家用車を駆って個人で四国遍路を行うものが六〇年代後半に現れたということを傍証している。

土地と切れる巡礼

バスツアーに見られる巡礼の集合性も、自動車巡礼に見られる個人化もともに、効率的な巡礼を可能にしている。しかし両者ともに、地域の人々とのつながりを希薄にした。

たとえば、徒歩や公共交通機関を利用して行う巡礼では、巡礼者と地域住民が接触し交流する時間は確保される。しかし、参拝が終われば貸切バスやマイカーに飛び乗る巡礼ではそうはいかない。

香川県の民俗学者の武田明は、「いまの遍路は大半が貸切りバスでやって来て、わいわいと騒ぎながら行ってしまう。遍路墓の哀れさなどは一向に知らないでいる」（武田明「弥谷寺――死者の魂の帰る寺」『巡礼の道』一九八二年）と、路傍に残された巡礼者と土地の人々との関わりを示す墓石に目を向けない巡礼スタイルを批判する。

また巡礼方法の変化にともない、巡礼者がお接待を受ける機会は減少していった。一九七〇年代末にはすでに徳島県板野町の婦人会によって、

戦後における社会構造や、生活様式の多様化・合理化によって、道行くお遍路さんの数もめっきり減り、かつての風物詩であったお接待の風景も遠い歴史の彼方の出来事のように思われますが、私たち町の人々の心から、かつての気風を奪うことはできません。

（板野町婦人会ふるさと探求学級編『四国遍路と私たちの町』一九七九年）

と記されている。一九八〇年代半ばの新聞には「最近では観光バスやマイカー、タクシーなどの乗り物を利用する遍路が増えたためか、せっかくのお接待があっても、見向きもしない人もある。（中略）遍路が〝観光化〟しつつあるのに比例して、お接待の姿も目に見えて減少し、それも形式化しつつある」（『朝日新聞』徳島県版／一九八四年九月六日付）ともある。社会の変化や巡礼手段の質的変化にともない、第一章で紹介したような地域の講集団によるお接待の風景は消えつつあった。

巡礼のレジャー化は、札所と観光地以外での四国とのつながりを弱めていったのである。

II　一九八〇年代の四国遍路

四国八十八ヶ所霊場会

現在に残る四国八十八ヶ所霊場会が設立されたのは、昭和二三年（一九四八年）と考えられる。霊場会は四国遍路の全札所寺院で構成される組織で、巡礼の仕方、巡礼用品など四国遍路全般の情報を伝達することを主な目的にしている。会として具体的な活動をしているわけではないが、昭和五九年（一九八四）の弘法大師御遠忌一一五〇年、平成二六年（二〇一四）の四国遍路開創一二〇〇年などのような特別な年には、会を挙げて記念事業を行ったり展覧会の後援を行ったりしている。しかし一九八〇年代半ばまでどのような活動をしていたのか不明で、積極的に活動を展開するのはそれ以降である。なお、現在の霊場会と連続性があるのかどうか不明だが、明治四〇年（一九〇七）に小林正盛が霊場会結成を呼びかけるために全札所を巡り、時期は不明だが霊場会が結成されている。また、昭和一七年（一九四二）には善通寺を本部にした「四国霊場会」が結成されている。

御遠忌に当たる昭和五九年に巡礼者が増加したが、それから数年が経った六三年、霊場会は美しい環境で巡拝者を迎えるために、各寺院周辺の遍路道を花で飾る「花の遍路道」運動を行った。また、同年に徳島市で開催されたシンポジウムで、老朽化した不衛生なトイレの存在が指摘されたことを受け、霊場会は「トイレプロジェクト」を立ち上げた。こうした流れで、平成五年(一九九三)以降には霊場会の「モデルトイレ」が作られていく。このような八〇年代末以降の活動によって、四国遍路の風景は大きく様変わりした。

一九八〇年代の四国遍路への注目

ではなぜ一九八〇年代末に、霊場会は活発な活動を展開したのだろうか。まず、昭和六三年(一九八八)の本四架橋、いわゆる「瀬戸大橋」の開通による観光客の増加が理由に挙げられよう。この年の九月から約二ヶ月間、香川県文化会館、愛媛県立美術館、徳島県郷土文化会館、高知県郷土文化会館で「四国四県共同企画―四国八十八ヵ所秘宝展―」が開催された。主催は各県の教育委員会や放送局、後援は文化庁であり、霊場会が直接関係したものではないが、寺院が持つ絵画、彫刻、書籍などの供出という形で貢献している。

また、瀬戸大橋開通を記念して岡山県と香川県で開催された「瀬戸大橋架橋記念博覧会」の四国会場では、西日本放送により「四国八十八ヶ所お砂踏み」が設けられた。これには当時の霊場会会長からの働きかけがあった。こうした一連のイベントは新聞やニュースなどで取り上げられ、四国内の人びとの関心を刺激するとともに、霊場会の活動は活発化していくのである。

当時、四国遍路が注目される契機はほかにもあった。たとえば、瀬戸大橋開通の前年、国鉄が民営化されJRがスタートした。乗降客を獲得するため、JR四国は四国遍路に注目する。平成元年（一九八九）の雑誌『旅の手帖』の特集「エクササイズ・ウォーキング、四国遍路の旅」は、当時JR四国が「しあわせランド四国」と銘打ったキャンペーンの一つである。なお、記事では徒歩での巡礼を推奨しているが、それは宗教的体験を目的とするものでも、単なる運動＝「エクササイズ」を目的とするものでもない。「心あたたまる人情」「心にしみる風景」との出会いが強調されているのである。

ちょうどその頃、四国に限らず各地の地方自治体では、まちづくりブームが展開していた。まちづくりと霊場会との直接的なつながりを示すものはないが、四国内の自治体の中には一九七〇年代から八〇年代にかけて四国遍路、とりわけ遍路道に関心を持ち、それを観光資源や地域活性化の資源として活用していこうとしたものもあったようだ。昭和五二年（一九七七）に松山市で開催された観光シンポジウムでは、東京大学や愛媛大学から招いた学術研究者たちが、「住民観光づくり」や「文化観光」として遍路道を見直すべきであると提言している。愛媛県は専門家の協力を得て遍路道の調査を行い、国に対しても整備促進を働きかけた。香川県でも昭和三三年(一九五八)から各土木出張所の協力を得て香川県道路協会が、五〇年には香川県観光課が、県内にある道標と遍路道を調査していた。一九八〇年代末の霊場会の活動が遍路道を花で彩ることから始まったこともこれらの活動と無関係ではあるまい。

瀬戸大橋開通、JRの広報活動、まちづくりや地域活性化、遍路道へのまなざし。四国遍路をとりまくこのような状況の中で、霊場会は四国遍路の価値を再認識し、遅まきながらホストとして巡礼者を迎えるようになったのだと指摘できるだろう。

III　巡礼の物質性

遍路道と歩き遍路

第一章で説明したとおり、案内記や地図が四国遍路の巡礼路、遍路道のルートをはっきりと示してきたわけではない。案内記に記されたのは次の札所寺院までに通過する村の名前と距離であり、ルートが複数存在することもあった。

一九七〇年代までに行われた文化財行政による遍路道調査は、残存する道標を調べたり古い地図を利用して古い歩道を比定したりする方法を取った。調査する必要があったのは、遍路道が使用されなくなり、道標も新たに設置されなくなり、さらに道路工事によって巡礼路として利用されていた道路が付け替えられたりしていたからである。

近代化以降の公共交通機関や道路の整備、戦後のツアーの流行の中で、徒歩の巡礼者数は甚だしく減少していた。昭和三三年（一九五八）の西端さかえによる巡礼日記『四国遍路日記』には、徳島県内の難所といわれる一一番藤井寺《ふじいでら》から一二番焼山寺へ向かうルートを、ほとんどの巡礼者は利用していないことが記されている。巡礼者が移動手段や巡礼ルートを変更したことにより、旧来の遍路道が利用されなくなってしまっていたのである。また、

　飯田でみる限り、道標の建立年は千八百年代と新しいのですが、旧遍路道がそのまま残っている部分は大変短く、途絶えた所や大きく拡幅されて良くわからなくなっている所が多く、知る者も少なくなっています。（川崎正視「遍路道のはなし」『四国民俗』一九九四年）

といった述懐のように、道路の改修工事により物理的に遍路道が消えてしまった。その道が遍路道であることを具体的に示す道標が散逸し、遍路道は物質的にも心象的にも消失したのだった。

遊歩道としての遍路道

使われなくなった巡礼路をもう一度復活させる。それが一九七〇年代に厚生省国立公園部

（のち環境庁）によって整備された長距離自然歩道の一つ「四国自然歩道」（一九八一～八八年）と、建設省によって整備された「四国のみち」である。

厚生省国立公園部は健全な心身を育成するとともに、自然保護に対する理解を深めるという目的を掲げて、国立・国定公園などの自然や文化財などを歩いて楽しむための遊歩道整備を一九七〇年に開始した。すると、それまで自動車道整備に重点を置いてきた建設省も、人に優しい道路を整備するよう社会的に要請されるようになり、その中で四国のみち整備事業に着手したのである。

環境庁と建設省は昭和五四年（一九七九）に合同調査を実施し、遍路道をベースにした新たなハイキングルートを整備した。ここでいう整備とは、案内看板や道標を設置したり路面をアスファルトで舗装したりすることである。このために、どこが遍路道なのかを調査する必要が出た。この調査を指揮したのが五三年に建設省が設立した「四国のみち保全整備計画調査委員会」である。関連する各市町村があらかじめ調査確認した古い遍路道を調査した結果、当時すでに使用されていない旧遍路道は五割以上にもなること、遍路道上の古い道標や丁石が倒壊していることなどが分かった。建設省は古いルートを比定しつつも、すでに消失してしまったものではなく現在あるルートを遊歩道として整備した。

こうして一九八〇年代に再び現れた徒歩による巡礼路は、宗教的な価値ではなく、歴史的文化的価値を前面に押し出したルートとなった。それは、建設省や環境庁という行政が宗教的な事象を強調したり関与したりすることができないからである。

しかし、再三述べてきたように、そもそも巡礼の道それ自体が宗教的な意義や価値を持つことは以前からなかった。巡礼路とは、地域住民の生活道の上を、道標に導かれた巡礼者が歩くときに象徴的に立ち現れるものにすぎない。案内記やガイドブックが細かく歩くルートを規定したことはなかったし、巡礼路から脇道にそれて行乞する巡礼者も多く存在したわけで、むしろ巡礼路は、藩や県が巡礼者の行為を規制、把握するための政治的な装置だったともいえる。そもそも、複数存在した巡礼路のどれが唯一「本物」の遍路道かを見極めることに、どれほど意義があるのだろうか。

一九九〇年代の遍路ブーム

一九八〇年代に、もともとの巡礼とはまったく異なる、レジャー、レクリエーションの推進という目的で再登場した遍路道は、一九九〇年代の四国遍路ブームを下支えした。ブームを裏付けるのは、雑誌での特集記事である。『関西小さな旅』（一九九九年七月号「特集四国八十八ヵ所歩いてみたい道」）、『太陽』（二〇〇〇年八月号「特集　四国八十八ヵ所遍路の旅」）、『旅』（二〇〇二年三月号「四国遍路」）、『歴史街道』（二〇〇二年四月号「四国巡礼・自分を見つける旅」)、『旅の手帖』(二〇〇三年五月号「嗚呼絶景の四国遍路」)、『旅行読売』(二〇〇四年四月号「はじめての四国お遍路」)など、四国遍路を取り上げた雑誌の記事は、この時期に多く見られた。

さらに、平成一三年(二〇〇一)には昭文社の『まっぷる』で、一四年にはJTBの『るるぶ』で四国遍路だけを扱った旅行ガイドブックが出版された。これらはバスツアー、自家用車、徒歩による巡礼の手引きを掲載する包括的な情報誌となっている。巡礼の心得や巡礼用品などのほか、巡礼の合間に訪れることができる観光地や当地の物産、宿泊所、有名な食事処などの情報もまとめられている。

この時期、四国遍路に惹かれたのは二種類の人たちだったことが、特集記事を組んだ雑誌の性格から分かる。それは中高年と二〇歳代の若者である。たとえば、「四国八十八か所巡りが「熟年」を捕えた　自分探しから健康回復まで」(『THEMIS』二〇〇二年一〇月号)という雑誌記事のタイトルは、この時期の中高年巡礼者の増加を反映している。記事は、後述するNHKの番組の影響で巡礼者が増えていること、巡礼の理由として死者の供養のほか、自分探しや健康回復が多くなっていることを説明している。

一九九九年に雑誌『アサヒグラフ』が特集した「四国お遍路ポップ編」は、記者が出会った徒歩で旅する男性五名、女性三名の巡礼者たちを紹介している。年齢に注目すると、二〇歳代は四名、六〇歳以上は三名と、若者と中高年が徒歩巡礼者の主役であることをうかがわせる。

彼らを四国遍路へ誘ったのは、明確な宗教的な動機を持たないがゆえに四国遍路の素晴らしさ、崇高さを感じることができたというメディアの語り口である。実際、『アサヒグラフ』で紹介される巡礼の動機は、「母親の供養のため」というのが一人いるだけで、残りは「軽い気持ち」、「何かあるような気がして」というように、明確な宗教心に基づかないものである。平成一五年（二〇〇三）の雑誌『BE—PAL』一月号には次のような四国遍路の説明が施されている。

四国では誰もが白衣を着て菅笠をかぶり、杖を持つだけで「お遍路さん」になれる。寺にはナンバーがあって分かりやすく、ルートも確立されている。さらにお遍路に参加するのに、老若男女や極端にいえば信仰心すら問わない。つまり四国遍路は自由参加のロングトレイルなのだ。

宗教的な意義がほとんど述べられないだけでなく、四国遍路への参入が非常に簡単であることも強調されている。

また、雑誌だけでなく、平成一〇年から二年間にわたって放送された、NHKの番組「四国八十八か所　こころの旅」も重要である。この番組はNHK総合テレビでは毎週日曜日の午前六時半より、ハイビジョン放送では土曜日の午前七時より三〇分間放送された。放送が書籍にまとめられたその第一巻には、番組制作者の言葉が載せられている。

　四国には日本各地から消えつつある「良き日本」が残っています。その懐かしい日本に息づく千年の歴史を刻む四国八十八か所霊場。そこには豊かな自然と温かい人情があります。（中略）千二百年の時空を超えて弘法大師の心にふれる。それは自らを検証する旅でもあり、また私たちが忘れかけている日本人の心を再発見する旅でもあるのです。

では、どのように忘れられた日本人の心を四国遍路に再発見するのだろうか。番組の構成は主に以下のようになっている。①「旅人」としてタレントや著名人がレポートする、②住職へのインタビューが行われ、寺の縁起、仏像の紹介、仏教の観念、四国遍路に関する住職の考え方などが紹介される、③寺院だけでなく寺院周辺の遍路道沿いの様子が紹介される、④巡礼者へのインタビューはほとんど行われない一方、近隣住民へのインタビューは毎回行われる。

　この傾向から、「忘れかけている日本人の心」とは、巡礼者の宗教的実践ではなく、彼らを受け入れてきた地元の人々の日常的な実践に見出されるものであることを指し示していることが分かる。もちろん宗教的な動機や実践に焦点を当てない理由としては、視聴者のほとんどがおそらく巡礼をしたこともないし、それほど宗教的側面に深い関心を持っているわけでもないことが挙げられる。

遍路道と歩き遍路

先に紹介した雑誌の特集でも触れられているように、一九九〇年代に四国遍路は癒やし、自分探しと結びつく。他者との関わりをとおして癒やしや自分探しをするためには、特定の方法が重視される。それが徒歩巡礼であった。交通機関の利用が一般的な現在、徒歩での巡礼は「歩き遍路」と呼ばれる。

一九九〇年代になると、この歩き遍路が増加した。それを伝えるのが次の記事である。

> 車社会の到来でマイカー、観光バスによる便利なスピード遍路が定着した霊場巡りだが、最近は歩き遍路が増加傾向にあるという。（中略）「人生回顧」「リフレッシュ」に最適の〝線のリゾート〟として見直されているのだ。（『えひめ雑誌』一九九五年一〇巻一〇号）

端的に「リフレッシュ」や「人生回顧」のために徒歩の巡礼者が増えてきたことを伝えている。

なお「歩き遍路」という言葉は古いものではない。もちろん、歩くほかに巡礼する手段がなかった時代には、わざわざ「歩き」という語をつける必要はなかったのであり、徒歩以外の移動手段が登場し、多くの巡礼者がそれを使う時代になったからこそ、あえて「歩き」という語が付け足されるようになったのである。

かつて徒歩の巡礼は、行乞しながら旅を続けるために必要な手段だった。しかし、一九九〇年代の歩き遍路はこうした「伝統」と完全に断絶している。歩き遍路は自分探しや癒しのために歩くもの。つまり、一九九〇年代に登場した「新しい」巡礼スタイルなのである。

二〇〇〇年代になると、「癒やし」効果だけでなく、歩き遍路の運動性が注目されるようになった。アウトドア雑誌が特集を組むなどして遍路は中高年のトレッキングブームと結びついた。こうした新しい目的意識が現在の四国遍路を支えている。

Ⅳ　四国遍路道を世界遺産に

四国の財産としての四国遍路

遍路道を発見し整備し、さらに歴史的、文化的価値をそこに見出した一九八〇年代。そして遍路道の沿道の人々との交流にその価値を見出した一九九〇年代後半。こうした流れの延長線上に四国遍路の世界文化遺産登録運動を位置づけることができるだろう。

巡礼路の世界遺産登録といえば、一九九三年のスペイン「サンティアゴ・デ・コンポステーラの巡礼路」や、平成一六年（二〇〇四）七月「紀伊山地の霊場と参詣道」の世界文化遺産への登録が先例として挙げられる。振り返れば、平成八年（一九九六）に香川県は「香川は、『おせったい』が得意です」というキャッチフレーズを観光キャンペーンで採用し、お接待を地域のホスピタリティー文化として強調した経緯がある。四国遍路の巡礼路の世界文化遺産登録運動が始まると、お接待は四国全体の「もてなし」「ホスピタリティー」の地域文化としてクローズアップされていく。しかし、そこでは、誰をどのようにもてなしてきたのか、もてなしてこなかったのかという歴史は語られない。

現在、平成二二年（二〇一〇）に結成された「四国八十八箇所霊場と遍路道　世界遺産登録推進協議会」が運動を進めている。会長は四国経済同友会会長が務めることになっており、副会長は四国四県知事である。同友会や行政以外に四国内の大学やNPOも構成員として関わっており、登録に向けて四国の各分野の一致団結が強く求められている。一八年に文化庁へ提出した暫定リストへの登載要望は翌年一月にいったん不採択となっている。

この協議会は、平成二〇年（二〇〇八）、この暫定リストへの登載要望が見送られたことを受けて作られたわけだが、見送りの理由の一つは「資産（札所と遍路道）の大半が文化財として保護されていない」ことであった。そのため、協議会としては、札所と遍路道の文化的価値をより強く主張する必要がある。特に登録運動で強調されるのは、四国遍路の歴史の古さ、生活道でもあった遍路道を維持管理してきた地域社会の努力、巡礼者を歓待してきた地域の歴史である。本書で見てきたように、それぞれの地域には特有の歴史があった。そしてその文化の営みはつねに一定ではなく、あるときは巡礼者をもてなし、べつのときには排除してきた。四国遍路の世界遺産登録運動は、こうした複数の歴史、多様な文化現象を一つにまとめ上げていく必要があるだろう。

おわりに

以前に何かの本のあとがきに、修士論文がその後の研究の方向を決定すると書いてあるのを見た。それでいえば、一九九八年に大学院に進学し、その年の夏に四国遍路を研究テーマに決定したことが、今の私の研究に大きな影響を与えていることに間違いはない。あるいは卒業論文で七一番弥谷寺《いやだにじ》にまつわる奇習「イヤダニマイリ」を調べたときからその方向に向かっていたのかも知れない。

四国遍路という文化現象が近代以降にどのように政治や経済と関わってきたのか。修士論文、博士論文で取り組んだこの視点は、その後、別のトピックを扱うときにもつねに根底にあった。

一九九〇年代末までに四国遍路研究は一定の成果を挙げていた。歴史的な大枠は新城常三氏、近藤喜博氏、宮崎忍勝氏らが大著で示し、納札の調査をもとに前田卓氏が社会学的調査を世に問うていた。民俗学では小嶋博巳氏が細かな民俗誌をつくり出していた。在野では愛媛県の四国遍路研究家、喜代吉榮徳氏が四国在住の地の利を活かして史料の発見と丹念な分析を、一九九三年からの『四国辺路研究』をとおして始めていたし、大阪の巡礼研究家白木利幸氏も膨大な資料の蒐集から四国遍路の全体像を描き出していた。

文化、政治、経済の結びつきを捉えたいという自身の研究の関心だけでなく、四国遍路の研究で手がつけられていない領域がこの時期にはほとんど残っていなかったことも、近代以降の現象を分析するようになった理由である。

四国遍路開創一二〇〇年という節目に、四国遍路研究でこれまで解明されたことを整理し直すことで描き出される歴史を広く読者と共有したいと考え、あまり使うことのない資料の詰まった段ボールを開いた。段ボールの中からは、十数年前当時にいろいろな方からいただいた批判や激励の手紙も見つかり、自分がどれだけ多くの人との関わりの中で歩んできたのかを思った。手紙をいただいた方の中には、すでにこの世を去った人たちもいる。故人からの葉書に記されたコメントに思わず背筋が伸びた。

私は四国遍路の研究をしてきたのではなく、四国遍路をとおして何かを考えようとしてきた。それはその後の研究や著書でのテーマ選定にも通底している。その「何か」をとても単純にいえば、いろんな視点を持つことで見えてくる人間社会の複雑さである。いろいろあるものを一つにまとめることは、物事を分かりやすくするために役立つ。このことは確かである。しかし誰がどのような視点からそれを行っているのか、その中で何が強調され、何が隠されているのか。こうしたことへの問いかけは、すぐに社会で役立たないとしてもとても重要な作業だと考えてきた。

四国遍路は空海が開創したという説は疑わしい。いつできたのかも分からないし、そもそも仏教や真言宗の巡礼とは呼びがたい。巡礼者には様々な階層の人が含まれ、下層の巡礼者の旅は過酷であった。四国の人々にいつも温かく迎え入れられたわけではなかった。日本の政治的思惑の片棒を担いだこともあった。このことは四国遍路規制の歴史を自虐的に語っているわけでも、その歴史を持つ市町村を非難しているわけでもない。いくつもの時代、いくつもの場所で、いくつもの物語が存在したのであり、そのどれもがとても重要だと考える。

本書の刊行にあたり、中公新書編集部藤吉亮平氏には大変お世話になった。また中央公論新社の松室徹氏にも御礼申し上げたい。

二〇一四年七月

参考文献　本文中に引用したものを除く

浅井證善『へんろ功徳記と巡拝習俗』朱鷺書房、二〇〇四年
浅川泰宏「遍路道を外れた遍路――新しい巡礼空間モデルの構築に向けて」『日本民俗学』二二六号、二〇〇一年
荒井とみ三『遍路図会』新正堂、一九四二年
内田九州男「四国八十八ヵ所の成立時期」四国遍路と世界の巡礼研究会編『四国遍路と世界の巡礼』法藏館、二〇〇七年
荻原井泉水『遍路日記』婦女界社、一九三九年
川岡　勉「中世の四国遍路と高野参詣」四国遍路と世界の巡礼研究会編『巡礼の歴史と現在――四国遍路と世界の巡礼』岩田書院、二〇一三年
小嶋博巳「遍路の民俗」松山市教育委員会編『市民双書二三　おへんろさん』一九八一年
小嶋博巳「地方巡礼と聖地」桜井徳太郎編『仏教民俗学大系』名著出版、一九八七年
小嶋博巳「四国遍路の歴史と諸相――遍路と巡礼」『四国遍路と世界の巡礼』法藏館、二〇〇七年
近藤喜博『四国遍路』桜楓社、一九七一年
五来　重『五来重著作集第五巻　修験道の修行と宗教民俗』法藏館、二〇〇八年
坂田正顕「四国遍路と霊場会」道空間研究会編『現代社会と四国遍路道』早稲田大学文学部・道空間研究会、一九九四年

参考文献

佐藤久光『遍路と巡礼の社会学』人文書院、二〇〇四年
下村海南・飯島曼史『遍路』朝日新聞社、一九三四年
四国遍路と世界の巡礼研究会『四国遍路と世界の巡礼』法藏館、二〇〇七年
四国遍路と世界の巡礼研究会『巡礼の歴史と現在——四国遍路と世界の巡礼』岩田書院、二〇一三年
柴谷宗叔「澄禅著『四国辺路日記』を読み解く——札所の様子を中心に」高野山大学密教文化研究所紀要二四、二〇一一年
白井加寿志「四国遍路の実態」石躍胤央・高橋啓編『徳島の研究　七』清文堂出版、一九八二年
新城常三『新稿社寺参詣の社会経済史的研究』塙書房、一九八二年
真野俊和編『講座日本の巡礼』第二巻 聖蹟巡礼、雄山閣出版、一九九六年
高群逸枝『娘巡礼記』岩波文庫、二〇〇四年
広瀬　清『近世土佐資料』一九六六年
広瀬　清『近世土佐の宗教』土佐史談会、一九八〇年
星野英紀『巡礼——聖と俗の現象学』講談社現代新書、一九八一年
星野英紀『四国遍路の宗教学的研究——その構造と近現代の展開』法藏館、二〇〇一年
アルフレート・ボーナー『同行二人の遍路』(「解説」佐藤久光)大法輪閣、二〇一二年
前田　卓『巡礼の社会学』ミネルヴァ書房、一九七一年
松尾剛次「四国遍路図考」『山形大学歴史・地理・人類学論集二』二〇〇一年
宮崎忍勝『四国遍路——歴史とこころ』朱鷺書房、一九八五年
宮本常一『忘れられた日本人』岩波文庫、一九八九年
森　正人『四国遍路の近現代——「モダン遍路」から「癒やしの旅」まで』創元社、二〇〇五年

森　正人『昭和旅行誌――雑誌「旅」を読む』中央公論新社、二〇一〇年
森　正人「四国遍路とホスピタリティ」青木義英・神田孝治・吉田道代 編『ホスピタリティ入門』新曜社、二〇一三年
森　正史「松山と遍路」松山市教育委員会編『市民双書二三　おへんろさん』一九八一年
弓山達也「日本におけるヒーリング・ブームの展開」『宗教研究』七〇―七一、一九九六年
頼富本宏・白木利幸『四国遍路の研究』国際日本文化研究センター、二〇〇一年

森 正人（もり・まさと）

1975年（昭和50）香川県生まれ．2003年関西学院大学大学院文学研究科博士課程修了，関西学院大学博士（地理学）．三重大学助教授を経て，07年より同大学准教授．専門は文化地理学．

著書『四国遍路の近現代』（創元社，2005）
『大衆音楽史』（中公新書，2008）
『昭和旅行誌』（中央公論新社，2010）
『英国風景の変貌』（里文出版，2012）
『ハゲに悩む』（ちくま新書，2013）ほか

四国遍路《しこくへんろ》
中公新書 *2298*

2014年12月20日発行

著 者 森 正人
発行者 大橋善光

本文印刷 三晃印刷
カバー印刷 大熊整美堂
製 本 小泉製本

発行所 中央公論新社
〒104-8320
東京都中央区京橋 2-8-7
電話 販売 03-3563-1431
編集 03-3563-3668
URL http://www.chuko.co.jp/

Published by CHUOKORON-SHINSHA, INC.
Printed in Japan ISBN978-4-12-102298-1 C1239

中公新書刊行のことば

いまからちょうど五世紀まえ、グーテンベルクが近代印刷術を発明したとき、書物の大量生産は潜在的可能性を獲得し、いまからちょうど一世紀まえ、世界のおもな文明国で義務教育制度が採用されたとき、書物の大量需要の潜在性が形成された。この二つの潜在性がはげしく現実化したのが現代である。

いまや、書物によって視野を拡大し、変りゆく世界に豊かに対応しようとする強い要求を私たちは抑えることができない。この要求にこたえる義務を、今日の書物は背負っている。だが、その義務は、たんに専門的知識の通俗化をはかることによって果たされるものでもなく、通俗的好奇心にうったえて、いたずらに発行部数の巨大さを誇ることによって果たされるものでもない。現代を真摯に生きようとする読者に、真に知るに価いする知識だけを選びだして提供すること、これが中公新書の最大の目標である。

私たちは、知識として錯覚しているものによってしばしば動かされ、裏切られる。私たちは、作為によってあたえられた知識のうえに生きることがあまりに多く、ゆるぎない事実を通して思索することがあまりにすくない。中公新書が、その一貫した特色として自らに課すものは、この事実のみの持つ無条件の説得力を発揮させることである。現代にあらたな意味を投げかけるべく待機している過去の歴史的事実もまた、中公新書によって数多く発掘されるであろう。

中公新書は、現代を自らの眼で見つめようとする、逞しい知的な読者の活力となることを欲している。

一九六二年一一月

中公新書

哲学・思想

1 日本の名著 桑原武夫編
16 世界の名著 河野健二編
2113 近代哲学の名著 熊野純彦編
1999 現代哲学の名著 熊野純彦編
2187 物語 哲学の歴史 伊藤邦武
2288 フランクフルト学派 細見和之
2036 日本哲学小史 熊野純彦編著
832 外国人による日本論の名著 佐伯彰一・芳賀徹編
1696 日本文化論の系譜 大久保喬樹
2243 武士道の名著 山本博文
312 徳川思想小史 源了圓
2097 江戸の思想史 田尻祐一郎
2276 本居宣長 田中康二
1989 諸子百家 湯浅邦弘
2153 論語 湯浅邦弘
36 荘子 福永光司
1695 韓非子 冨谷至
1120 中国思想を考える 金谷治
2042 菜根譚 湯浅邦弘
140 哲学入門 中村雄二郎
2220 言語学の教室 西村義樹・野矢茂樹
1862 入門！論理学 野矢茂樹
448 詭弁論理学 野崎昭弘
593 逆説論理学 野崎昭弘
2087 フランス的思考 石井洋二郎
1939 ニーチェ ツァラトゥストラの謎 村井則夫
2131 経済学の哲学 伊藤邦武
2257 ハンナ・アーレント 矢野久美子
674 時間と自己 木村敏
1829 空間の謎・時間の謎 内井惣七
814 科学的方法とは何か 浅田彰・黒田末寿・佐和隆光・長野敬・山口昌哉
1986 科学の世界と心の哲学 小林道夫
1333 生命知としての場の論理 清水博
2176 動物に魂はあるのか 金森修
2166 精神分析の名著 立木康介編著
2203 集合知とは何か 西垣通
2222 忘れられた哲学者 清水真木

中公新書

宗教・倫理

b1

中公新書

日本史

d4

地域・文化・紀行

t 1

中公新書

地域・文化・紀行